星出版

新觀點
新思維
新眼界

新社會契約

從搖籃到墳墓，
我們對彼此的責任

What
We
Owe
Each
Other

A New Social
Contract

米露・夏費克
Minouche Shafik

著

許瑞宋

譯

Star 星出版

獻給Adam、Hanna、Hans-Silas、Maissa、
Nora、Olivia和Raffael

目錄

謝辭

本書得以面世，有賴許多人大力幫忙，我因此欠下許多人情也就不足為奇。

寫書的想法源自 Rupert Lancaster，是他聽了我 2018 年在利弗休基金會（Leverhulme Foundation）的一場演講後提出的。在倫敦政經學院，我因為周遭有許多有趣和關心世事的人而得益，首先是我在學校的管理委員會和理事會的同事。許多同事分享了他們的想法，並且慷慨評論了本書初稿，我特別感謝 Oriana Bandiera、Nick Barr、Tim Besley、Tania Burchardt、Dilly Fung、John Hills、Emily Jackson、Julian LeGrand、Steve Machin、Nick Stern、Andrew Summers、Andres Velasco，以及 Alex Voorhoeve。一些朋友和前同事為我指出相關文獻，並提供了有益的評論和我非常需要的鼓勵，他們包括 Patricia Alonso-Gamo、Sonya Branch、Elizabeth Corley、Diana Gerald、Antonio Estache、Hillary Leone、Gus

O'Donnell、Sebastian Mallaby、Truman Packard、Michael Sandel，以及 Alison Wolf。感謝他們貢獻了許多好見解；本書若有錯誤，完全是我的問題。

Max Kiefel 提供了傑出的研究協助，為我找來有趣的材料和有用的建議，雖然因為病毒大流行，我們期間只見了一次面。我在 Wylie 的經紀人 James Pullen 幫助我處理出版事務，持續提供好建議。我在企鵝蘭登書屋（Penguin Random House）的編輯 Will Hammond 鼓勵我避免使用學術術語，幫助我大大提高了本書的可讀性。普林斯頓大學出版社的 Joe Jackson 也給了有用的意見。

我非常感謝我母親 Maissa，她以前總是開車送我去圖書館，而且無論如何，總是支持我。我感謝我的姐妹 Nazli、外甥女 Leila 和我的大家庭，他們為成就每一個人的慷慨社會契約提供了一個很好的例子。感謝我丈夫 Raffael 使我變得更勇敢，以及鼓勵我接受更大的挑戰。我撰寫有關代際社會契約那一章時，我們的孩子 Adam、Hanna、Hans-Silas、Nora 和 Olivia 占據了我腦海中最重要的位置。

為了他們，為了我們所有的孩子和未來的孫兒，我希望我們能夠建立更好的社會契約，使人人都能茁壯成長，盡展所能。

萬物崩解，危機也是轉機

「萬物崩解；中心難再維繫……眼前無疑有啟示……」

　　這是葉慈（W. B. Yeats）經歷了恐怖的第一次世界大戰、他懷孕的妻子在1918-19年的流感大流行中重病之際所寫的詩。2016年，世人空前頻繁地引用「萬物崩解」（things fall apart）這句話。[1]葉慈那首詩，捕捉到改變看似無可避免時的不祥預感。近年我們經歷了2008年金融危機的經濟餘波、日益分裂的政治、環境抗爭，以及冠狀病毒大流行。非常動盪的時期，可能導致我們的社會秩序根本重塑。社會秩序如何重塑，取決於現行制度、哪些領袖掌權，以及哪些思想正流行。[2]

　　近年來，許多塑造我的世界的假設、制度和規範在我眼前崩解，而且制度和規範崩解的情況越來越多。我曾從事國際開發工作25年之久，親眼目睹「使貧困成為歷史」如何大大改善了人們的日常生活。人類的生活真

的從來不曾這麼好。但是，在世界各地許多地方，民眾非常失望，而這已經展現在政治、媒體和公共話語上。民眾越來越憤怒和焦慮，這與他們覺得生活變得更沒有保障，以及沒有辦法或力量去塑造自己的未來有關。隨著民族主義和保護主義興起，戰後以來運作至今的國際合作體系得到的支持也正在減弱（我的職業生涯主要就是在這個體系中度過。）

2020年的冠狀病毒全球大流行突顯了這一切。貧窮、工作沒有保障和無法獲得醫療照護的人所面臨的風險暴露無遺。我們看到了我們之間相互依賴的關係：「必要的工作者」主要是工資最低的勞工，如果沒有他們，我們的社會就無法運轉。沒有銀行家和律師，我們也能生活，但食品雜貨商、護士和保全人員卻是不可或缺的。這場瘟疫揭露了我們是多麼地相互依賴——生存是這樣，以對社會負責任的方式行事也是這樣。

危機也帶來機會。有些危機造就了使社會變得比較美好的決策，例如「新政」（New Deal）是因應大蕭條推出的，基於規則的國際秩序則是產生於二戰之後。有些危機則播下了新問題的種子，例如第一次世界大戰就有善後不足的問題，2008年的金融危機則引發了民粹反彈。冠狀病毒危機的影響仍有待觀察。這場危機能否帶來進步，取決於有哪些構想可以選擇，以及政治情勢如何演變並從中作出抉擇。[3] 經過大量的閱讀、聆聽、思考和討論之後，我發現「社會契約」（決定我們如何在一個社會裡共同生活的政策和規範）這概念是個有用的架

構，有助我們理解和界定眼前挑戰的潛在解決方案。

多年來，世界各地關於社會契約的許多想法是在倫敦政經學院形成的，而我目前正是該大學的校長。*從費邊社（Fabian Society）和倫敦政經學院的創始人韋伯夫婦（丈夫西德尼、妻子碧翠絲）開始，對經濟與社會有何關係的思考有悠久的傳統。碧翠絲·韋伯（Beatrice Webb）曾花數年時間在倫敦最貧窮的地區蒐集資料，親眼目睹貧困的影響。作為1909年濟貧法皇家委員會的成員，她撰寫了一份表達異議的少數派報告，反對嚴厲的濟貧院制度和英國零碎的濟貧方式。在該報告中，她主張英國訂立新的社會契約，藉此「確立全國最低限度的文明生活標準……保障所有人，無論性別或階級；我們主張的這種最低標準，是指國民年輕時得到足夠的營養和訓練，身體健康時獲得可以滿足基本生活需求的工資，生病時得到治療，失能或年老時可以過有保障的像樣生活。」[4]超過一百年後，這仍是世界上多數國家嚮往的目標。

1942年的《貝弗里奇報告》（Beveridge Report）反映了碧翠絲·韋伯的觀點。這份極具影響力的報告是1919-37年擔任倫敦政經學院校長的威廉·貝弗里奇（William Beveridge）撰寫的，它設計了英國的現代福利體制，包括國民醫療服務體系（NHS），以及處理最低

---

* 作者在寫本書原文稿時仍是倫敦政經學院校長，2023年7月起轉任美國哥倫比亞大學校長。

收入、失業保險和養老金的綜合方法。《貝弗里奇報告》是革命性的,其銷售量超過以前任何一份政府文件,英國民眾紛紛購買該報告,以了解英國公民的權利與義務如何因此根本改變。該報告的建議主要是在首相艾德禮(Clement Attlee)任內付諸實行;艾德禮之前是倫敦政經學院的講師,能夠贏得大選與支持《貝弗里奇報告》有關。雖然韋伯夫婦和貝弗里奇關注的焦點是英國,他們的想法在歐洲各地和多數前殖民地產生了巨大影響,尤其是在印度、巴基斯坦、東亞、非洲和中東。[5]

接下來的社會秩序重塑,也是以倫敦政經學院為中心:該校教授海耶克(Friedrich Hayek)1944年出版《通往奴役之路》(*The Road to Serfdom*),他是從維也納移民到英國的,多年後榮獲諾貝爾經濟學獎。海耶克認為,貝弗里奇倡導的干預型國家(interventionist state)會將社會帶到極權主義的道路上。他重視個人自由和市場效率,為正統經濟自由主義奠下基礎。海耶克1950年離開倫敦政經學院,前往芝加哥大學,其思想影響了同校的米爾頓・傅利曼(Milton Friedman),為後來著名的芝加哥學派奠定了基礎,該學派致力倡導自由主義和自由放任的經濟政策。柴契爾夫人和雷根都表示,他們的政治哲學和對個人主義與自由市場的重視,是受海耶克啟發。[6]海耶克在中歐和東歐也有巨大的影響力,其著作很受當地異見者歡迎,而他們為蘇聯解體出了一份力。

隨後出現的「第三條路」,則是希望在費邊主義者的干預型國家和海耶克的放任式市場自由主義之外找到

出路。第三條路的許多想法誕生於倫敦政經學院，包括如何利用市場達到比較平等的結果，其標誌性著作為1998年出版的《第三條路》（*The Third Way*），作者是1997-2003年擔任倫敦政經學院校長的安東尼·紀登斯（Anthony Giddens）。[7]這些觀點獲得世界各地的社會民主派從政者支持，包括美國的比爾·柯林頓、英國的布萊爾、巴西的魯拉、德國的施洛德，以及南非的姆貝基。2008年的大衰退標誌著第三條路得到的支持瓦解，因為它在全球金融危機爆發後喪失信譽，世界各地越來越多中間派領袖因此遭到民粹主義者取代。

因此我們又一次來到需要新範式的時候。科技和人口方面的深刻變化，正導致舊結構受到挑戰。氣候危機、病毒大流行及其無可避免的經濟後果，揭露了現行社會契約已經嚴重失靈。本書致力說明出現這些挑戰的根本原因，更重要的是設想適合21世紀的社會契約。它不是一份藍圖，但我希望它可以對促進辯論和為未來的政策指明方向略有貢獻。

在這本書中，我努力從全球的角度討論許多問題，有些讀者將能針對我的許多觀點指出例外情況。我倚重發表於同儕評審期刊的學術研究和統合分析——這種分析有時檢視多達數百項相關研究，得出概括結論。這些技術資料的來源多數可在注釋中找到。我非常重視證據、專業和嚴謹的辯論，但我也表達了自己對這些文獻的判斷，告訴讀者我認為我們可以從各國的社會契約經驗中得到什麼教訓。

　　這些判斷必然植根於我在家庭、教育和工作方面的個人經驗，也與我見識過的社會和國家對個人的影響有關。我對經濟學的興趣，源於我渴望了解社會中的機會結構（architecture of opportunity）。小時候，我不時去埃及母親家的村莊，看到許多看起來和我一樣的女孩，但她們不能上學，必須在田地裡辛勤工作，而且幾乎完全不能決定自己與誰結婚或生幾個孩子。我有許多機會是她們沒有的，這似乎非常任意和不公平——如果不是比較幸運，我大有可能和她們一樣。這些機會在1960年代根本改變了，當時我家的大部分土地和財產被埃及政府收歸國有，我們移民到我父親曾經留學的美國。

　　我父親擁有化學博士學位，除此之外幾乎一無所有。對他來說，教育是成功的唯一途徑。他常說的一句話是：「他們可以奪走你的一切，除了你的教育。」但是，當時美國南部正處於解除種族隔離的動盪和緊張時期，我們在當地可以獲得的教育機會品質參差。我讀過的學校多到我無法一一記得，有些學校的老師給我很多啟發，有些學校差到你幾乎只求生存。拯救我的是當地的圖書館，母親在週末總是盡職地帶我去圖書館。我在多間圖書館辦了借閱證，以便每週可以多借一些書，而我花很多時間在家裡的沙發上看書探索世界。

　　在把握機會接受優質教育之後，對機會結構的好奇心，引領我展開經濟與開發方面的職業生涯，先後任職於世界銀行、英國國際開發部、國際貨幣基金組織（IMF）和英國央行。我很喜歡大學，在大學裡度過

了18年，但我的職涯大部分時間是在政策制定的前線。這當中不同尋常的可能是我的工作涉及如此不同的許多國家，包括世上最窮的一些國家如南蘇丹和孟加拉，以至最富有的一些國家如英國或歐元區成員國。我也曾與許多不同政治派別的從政者共事——在英國，我曾為工黨政府以及保守黨與自由民主黨的聯合政府擔任常務次長。在世界銀行和IMF工作期間，我曾與數以百計的從政者合作，他們的政治派別是你想得到的都有。我因為實際參與政策工作和研究政策而形成的觀點貫穿這本書。

在國際經濟機構工作了25年之後，我看到跨國分享經驗大有好處。當然，每個國家都有自身獨特之處，尤其是在有關社會契約中個人與集體之間的平衡等問題方面。美國之類的國家比較重視個人自由，亞洲社會則傾向重視集體利益甚於個人偏好。歐洲介於兩者之間，致力在個人自由與集體利益之間取得平衡。這些概述底下有許多例外情況和有用的例子，有助我們學習針對不同的情況特別設計解決方案。現實中極少遇到只有一個正確答案的情況，常見的是有一系列的選項，涉及不同的成本和效益，反映不同的價值判斷。

除了放眼全球和重視解決方案，我也致力使讀者覺得本書內容攸關個人福祉。對我來說，擬訂社會契約並不是技術官僚和政策專家專屬的抽象工作。關於教育體系如何組織、醫療服務如何融資或失業者可以得到什麼援助的政策決定，對每一個人都有巨大的影響。我與那些埃及農村女孩的生活截然不同，正是這種政策決定造

成的。這就是為什麼本書圍繞著我們大多數人經歷的人生階段組織內容，包括育兒、上學、生病、求職和變老。我希望這種觀點能使這些重要議題變得容易理解，並鼓勵我們所有人對這些重要事務形成自己的見解。

1

什麼是社會契約？

社會涵蓋一切。許多人經歷人生，以為自己自立自足。有些人可能把自己的際遇歸功（或歸咎）於他們的家庭，但我們很少思考決定我們命運的更大力量——例如我們碰巧生於某國、特定歷史時刻剛好流行某些社會態度、遇到特定的經濟和政治制度，以至隨機的純粹運氣。這些比較廣泛的因素，決定我們身處什麼類型的社會，是人類經驗最重要的決定因素。

確實也有一些人的生活不怎麼受社會影響，我們來看一個例子。2004年，我在厄瓜多亞馬遜地區與當地一個家庭生活了一段時間。接待我的安東尼婭有12個孩子，最大的女兒即將生下安東尼婭的第一個孫兒。他們住在雨林的邊緣，那裡沒有道路、電力、自來水或衛生設施。當地有一間學校，但相當遠，孩子們因此經常缺課。安東尼婭是當地的衛生工作者，可以利用無線電聯絡附近城鎮一名醫師，為自己和其他人取得醫療建議。

除了這項服務（由某慈善機構提供），安東尼婭及其丈夫必須完全自力更生，從森林裡採集食物，並教育他們的孩子如何在這種環境生存下去。他們偶爾需要只能靠外界提供的東西（例如煮食鍋具），此時就會拿出他們在亞馬遜河裡淘到的金子，划很長時間的獨木舟到一個市集換取他們需要的東西。

這似乎是個極端和遙遠的例子，但它提醒我們，我們對集體生活在一個社會裡可以得到的東西是多麼習以為常，這些東西包括基礎設施、不難獲得的教育和醫療照護，以及使市場得以運作的法律（我們因此得以在市場裡賺取收入和獲得商品與服務。）安東尼婭和她女兒說，她們將為即將出生的孩子取名米露。這是我極大的榮譽，而我常想：這個與我同名的孩子，因為出生在一個非常不同的社會，將會過怎樣的生活？

社會的組織方式對身處其中的人如何生活，如及面對怎樣的機會結構影響深遠。它不但決定這些人的物質條件，還決定他們的福祉、關係和人生前景。社會結構由政治和法律等制度、經濟、家庭和社區生活的組織方式決定。[1]所有社會都選擇將一些事情留給個人處理，其他事情則集體決定。決定這些集體制度如何運作的規範和規則，就是我所講的社會契約，而我認為它是決定我們生活方式的最重要因素。因為它是如此重要，也因為多數人無法輕易離開他們所處的社會，社會契約必須得到多數人贊同，並因應情況變化適時重新協商。

目前放眼全球，許多社會裡的人對社會契約及其造

就的生活非常失望，儘管過去五十年間，世界在物質方面取得巨大的進步。[2]調查發現，在美國、歐洲、中國、印度和各開發中國家，每五個人就有四個人認為現行「體制」並不為他們服務。[3]在許多先進國家，多數人不再相信他們的孩子會有比他們更好的生活。在開發中國家，人們對教育、醫療和就業的期望，往往遠遠超出社會滿足這些期望的能力。在世界各地，許多勞工擔心自己將因為技能不足或自動化技術普及應用而失去生計。

這種不滿有許多不同的形式。有些農村和小城鎮的居民認為，國家犧牲他們的利益，給予城市不成比例的關注和資源。在某些國家，本地人認為外來移民正在改變他們的社會，新移民還沒作出應有的貢獻就得到太多好處。有些種族曾居統治地位，其部分成員對其他種族要求平等待遇深感不滿。有些男性覺得新近獲得賦權的女性，以及訂出配額和指標的某些政策對他們構成威脅。部分年輕人對老年人越來越不客氣，因為他們認為老年人在醫療和養老金方面占用越來越多資源，留給年輕人大量債務和遭嚴重破壞的環境。有些老年人則覺得他們過去為年輕世代作出很多犧牲，年輕人不知感恩。

本書嘗試利用社會契約的框架探索這種失望的根源。這種方法承認期望和相互關係（mutuality）非常重要；集體供應和分攤風險有效率上的好處，很有價值；以及如果我們不想看到公民身分和社會所仰賴的互信災難性瓦解，那就必須調整適應世界的變化。社會對個體有何責任？個體對社會又有何責任？在這個巨變的時

代，這些相互的義務可能必須如何調整？這些問題的答案，看來正是解決當今世界面臨的許多政治、經濟和社會難題的關鍵所在。

期望與社會契約

在「我們對彼此有何責任」這個問題中，「我們」是誰？我們認為自己與哪些人互有義務？這是個複雜的問題，涉及個人、文化和歷史面向。我喜歡把相互義務想成多個同心圓。我們多數人覺得自己對最親的家人和朋友負有最大的義務，這是相互義務的核心。父母會為自己的孩子作出巨大的犧牲，好朋友之間會盡力互相支持。相互義務的下一圈，是我們生活的社區，這通常是志願團體、宗教組織、鄰里和地方政府機構的領域。再下一圈是民族國家，而我們在國家裡對彼此負有公民義務，包括納稅、守法、投票，以及參與公共生活。在像歐盟這樣的區域一體化計畫中，當局致力在聯盟這一圈培養一種「我們」的意識，其成員為聯盟成員國的公民。最後一圈是世界，我們在這裡背負的義務可能弱一些，但一旦出現人道危機或全球難題（如氣候變遷），國際團結因此變得重要，這種義務就會變得比較明顯。

我們每天都在履行相互的義務和照顧其他人，不僅是在我們的家庭裡，也在社區和國家的層面，遠遠超過我們狹隘的自身利益。最顯而易見的是，我們納稅，而稅款將嘉惠本國其他地區（有時甚至是其他國家）的人，而我們永遠不會見到那些人。我們這麼做是因為我

們相信，公平和管理有方的社會有助我們過更好的生活，而為了我們自己的利益，也出於與公民同胞的團結，我們願意為此貢獻自己的一份力量。許多國家要求雇主為雇員提供一些福利，例如育嬰假和退休金，而許多雇主自願提供額外的福利。在燃料和水、交通和衛生設施的供給方面，我們仰賴公部門提供基礎設施，而我們期望這種設施是普及的。我們期望有體面的學校和醫療照護，也期望守法能換來良好的治安。這些都是我們因為必須與其他人共同生活而調節個人欲望的方式。我們做長期投資時，這種集體團結會跨越多個世代，而如果我們消耗資源，剝奪了未來世代的一些發展可能，情況就反過來。

縱觀歷史，人類往往或多或少地集中資源，以便享受生活在大群體裡的好處和管理因此產生的風險。這些好處包括勞動專業化、共同防禦和共用基礎設施。隨著群體越來越大，從家庭擴展至村莊、大城市以至國家，人與人的相互義務變得比較抽象，經常仰賴各種制度和政治過程居中協調。我們背負的義務不再是「欠」家庭或社區什麼，而是演變為與公民同胞團結互助或對國家的義務。例如以前教育孩子、照顧病人和失業者可能都是仰賴家庭，現在則是主要靠學校、醫療設施和國家支付的失業救濟（僅限於某些國家）。這就是為什麼現代社會期望人們在有生產力的成年階段為共同利益作出貢獻，而作為交換，他們年輕時可以得到教育，生病、失業或年老時可以獲得救濟。這些期望的確切性質取決於

界定個人（相對於社會的）權利與義務的文化規範、制度、政策和法律，不同的社會各有不同，但這種期望是普遍存在的。

雖然這些期望自人類社會出現以來一直存在，但隨著時間的推移，它們已有顯著的改變。例如在歷史上大部分時間裡，在幾乎所有的社會，照顧孩子和老人是婦女的責任，而下一代的教育、健康照護和就業則往往是一種集體責任，一如現在。在多數國家，社會也期望比較富裕的公民某程度上保護或援助他們社區裡的窮人。歷史經驗顯示，這種往往由宗教組織促成的自願慈善運作不足以滿足社會需求，而且結果非常參差。隨著國家變得比較富裕，公民越來越期望國家擔起責任，在比較一致和公平的基礎上提供服務，並藉由徵稅籌集所需要的資金。[4]

長期以來，哲學家一直爭論如何說服自由的個人共同生活在一個社會裡，以及合理的期望應該是怎樣的。[5]個人自願結成相互依賴的關係以換取若非如此無法得到的利益，這個概念在啟蒙運動期間被稱為社會契約。不同的思想家主張不同類型的社會契約，但最初全都以當時流行的詞語「君主制下的個人權利」來構想。

霍布斯（Thomas Hobbes）認為，自利但理性的個人應當自願服從一個絕對主權者的權力，因為這是避免落入殘酷的自然狀態的唯一可靠方法。[6]約翰‧洛克（John Locke）則指出，社會契約的目的是保護公民的生命、自由和福祉；因此，如果主權者未能保護這些權利，

公民造反並建立新的政治社會就是正當的。[7]盧梭（Jean-Jacques Rousseau）關注如何維護自由，但他也認識到，由於人類越來越相互依賴，為了在良好的社會裡共同生活，妥協是必要的。他認為社會契約需要政治制度支持，例如要有代議制議會，以便公民制定他們將自願服從的法律，從而賦予國家權力正當的基礎。[8]對這三位哲學家來說，個人和國家的期望是極低的（相對於我們的時代而言）：社會契約只是生活在一個免受剝削的社會的前提條件。

但是，隨著君主被迫向公民交出越來越多權力，關於社會契約的辯論轉移到公民義務和我們對彼此的責任上。在《道德情操論》（*The Theory of Moral Sentiments*）中，亞當・斯密（其思想奠定了現代經濟學的基礎）談到「同情圈」（circles of sympathy）之必要。在同情圈裡，自利的個人也關心其他人的福祉。[9]亞當・斯密認為，同理心所促進的社會團結有道德、政治和經濟方面的理由。[10]道德方面的理由是，在每一個社會裡，個人都有一些基本需求（例如獲得基本的醫療照護和安全，有足夠的收入以免被社會排斥，得到足夠的教育以便能找到工作和成為知情公民），不滿足這些需求在道德上是錯誤的。社會團結的政治理由是，為了使民主制度有效運作，公民必須有足夠多的共同經驗，使他們覺得彼此間有某種共同目標。[11]最後，經濟方面的理由是，安排大量公民共同分擔疾病、失業和養老等方面的風險，比任由個人努力自保更有效率。

亞當・斯密認為，同情心和個人可以期望什麼都是有限度的，而個人行為「惡劣」會導致人們不願意分擔風險。現在的情況也是這樣。多數人願意分擔與個人過錯無關的風險，例如意外導致的殘疾或突然的經濟衝擊造成的失業。但是，如果損失是吸菸、酒駕或工作表現不佳造成的，許多人就認為當事人應該承擔自身行為的後果。與此同時，也有人認為，不良行為往往是教育有缺、貧困或甚至精神疾病的產物。針對個人行為與責任的道德判斷，往往對解答社會契約該有多慷慨這問題至關重要。

在20世紀討論以社會契約作為創造公正社會的基礎的哲學家當中，影響力最大的是約翰・羅爾斯（John Rawls）。[12] 羅爾斯認為我們應該在「無知之幕」（veil of ignorance）後面設計社會契約，也就是在不知道自己在社會中處於什麼地位的情況下設計社會契約。因為我們不知道自己是出身富貴還是貧困，我們會想創造一種公正的社會契約。羅爾斯的機會均等原則指出：「具有同等的天資和能力，而且運用它們的意願相同的人，應該擁有相同的成功機會，無論他們最初在社會體系中處於什麼位置。」[13] 機會均等如今是世界各地許多公民的核心期望；許多人之所以焦慮和不滿，主要正是因為認為社會並不提供平等的機會。

在現代社會，人們普遍期望可以藉由自身的努力改善命運。以前就並非總是這樣，在許多傳統社會，人們幾乎宿命地接受普遍的階層結構；有些人認為這對社會

秩序至為重要。但現在多數國家都將促進社會流動這項目標納入社會契約，因為這似乎比較公平、有助凝聚社會和成就集體行動。窮人必須能夠期望他們或他們的孩子會有更好的生活。有錢人必須擔心他們的孩子可能變窮，這樣才會比較關心弱勢和產生一種共同利益感。

　　各國實際提供給公民的機會結構差異巨大。例如在丹麥，從低收入提升至中等收入平均需要兩代人；在英國是五代人，而在非常不平等的國家如巴西、南非和哥倫比亞，則需要九代人或更久。這種社會流動性的差異（圖1），正是出現下列現象的部分原因：在那些很難靠自身努力改善命運的國家，民眾對社會契約特別不滿，而社會流動性近年降低的國家也是這樣。此外，也有大量證據顯示，家庭或地區的不利處境可以持續很多個世代。[14]

社會契約、國家與私部門

　　許多人以為社會契約與福利國家體制（welfare state）相同，但這兩個概念並非同義。社會契約決定哪些東西以集體方式提供和由誰提供，福利國家體制則是數種可能的提供方式之一。事實上，每一個社會都有許多在社會契約範圍內的東西仍是由家庭提供，例如父母無償教育孩子，家庭成員互助以度過生病或失業的難關，以及個人自己買保險。社區、慈善和志願組織也做大量工作照顧窮人和老人、應對人道危機，以及支持失業者重投工作。另一方面，法律往往要求雇主支持社會契約某些方面的工作，例如出錢支持失業給付（在某些國家，雇

圖1　社會流動性：從低收入提升至中等收入平均需要多少代人？

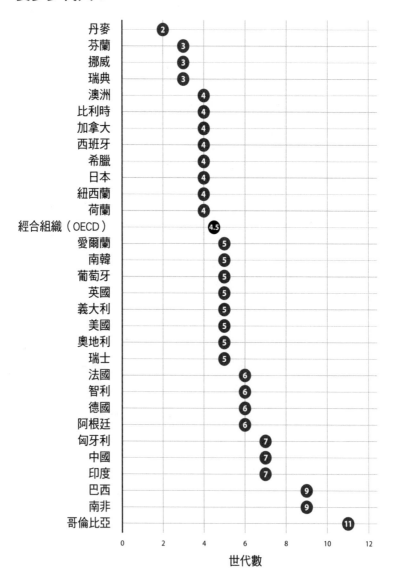

世代數

主還要出錢支持強制性健康保險），而有些雇主還提供額外的員工福利，例如托兒設施、教育福利，以及身心健康支援。

因此，我提到社會契約時，是指個人、企業、公民社會與國家彼此合作，為一個攸關集體利益的體系作出貢獻。而我提到福利國家體制時，是指靠政治過程和隨後的國家行動居中協調，致力分攤風險和投資於社會利益的機制。這可以藉由徵稅和提供公共服務直接去做，也可以採用間接的方式，例如制定法規要求私部門支持相關運作。集體利益還可以包括國家擔當最後承保人，例如在發生天災或大瘟疫時，防止國民挨餓、無家可歸或窮困潦倒。

在民族國家出現前，社會契約是以部落和地方忠誠關係（local loyalties）為基礎，提供相互保護和滿足飲食居住之類的基本需求。在封建時期，這演變成地方統治者提供法律與秩序，收取租金作為交換，而上面還有一個凌駕性的君主體制。到了近代早期，民族國家才發展起來，除了保護國家和榨取資源，還投資在集體財上，例如以有限稅收作為財源的基礎設施。隨著資本主義的發展，社會契約變得比較複雜，因為分工日益精細降低了家庭自足的程度，國家也建立了各種監理制度，而且醫療衛生和供電之類的公共服務需要協調和資金支持。提供這種集體財，包括培養受過教育的健康勞動力，成為社會契約越來越重要的一部分，並發展成為我們現在所講的福利國家體制。

普魯士保守派政治家俾斯麥（Otto von Bismarck）擔任德國首相時，1889年引進強制性的養老和疾病保險制度，被普遍譽為以法律強制要求社會團結的創舉。他的動機是提升經濟效率，同時阻擋比較激進的構想，例如他的社會主義對手主張的沒收私人財產。他在致德國議會的開創性函件中寫道：「那些因年老或病弱而無法工作的人，有充分的理由要求國家照顧他們。」俾斯麥將退休年齡定為70歲，而根據當時德國人退休時的預期壽命，國家平均將為國民提供七年的養老金。[15]

在英國，第一個呼籲集體承擔醫療照護責任的人是碧翠絲・韋伯，她在1909年以濟貧法皇家委員會成員的身分主張建立國民醫療服務體系。但一般認為第一個提出全面福利國家體制藍圖的人是威廉・貝弗里奇（1919-37年擔任倫敦政經學院校長），其構想追求滿足公民「從搖籃到墳墓」的需求。貝弗里奇的計畫是所有國民都出錢支持社會保險基金，換取獲得健康和失業保險保障的相同權利，藉此戰勝汙穢、愚昧、貧困、疾病和失業這「五大惡」。[16]

在20世紀，其他地方的福利體制發展大有不同。美國和澳洲等國家比較強調個人責任，所得再分配不多，國家的福利支出主要照顧最貧困的人。在歐洲大陸，福利制度往往與工作連結，仰賴雇主和雇員支付的社會保險保費支持失業保險和醫療服務。北歐國家則通常由國家承擔較高比例的福利支出，提供較為慷慨的普遍和針對性福利。各國失業者可以獲得社會集體支持多久，是

說明福利體制差異的一個好例子。在美國，失業給付通常只能持續六個月；在法國或德國等國家，失業給付可以持續一年左右；在丹麥和荷蘭等國家，這個期限是兩年左右。[17]

開發中國家的福利支出也快速成長，因為它們的公民要求政府改善公共服務和社會保障。過去二十年間，設有某種形式的社會保障的低收入和中等收入國家增加了一倍，從72個增至2017年的149個。[18]多數國家（77％）已經引進向最窮家庭提供某種現金給付的做法，許多國家（42％）提供的支付設有條件，例如受助家庭必須送孩子去上學或安排他們接種疫苗。這種給付的金額通常很少，但已證實對減少貧困、提高就學率、改善營養和提高家庭生產力大有幫助。[19]給付金額也可以視需要迅速調整，例如在特定地區糧食不足或瘟疫肆虐時增加對當地民眾的援助。[20]

多數開發中國家已經減少仰賴家庭和社區履行社會契約，轉為逐步增加政府的相關支出。雖然目前開發中國家的福利給付僅嘉惠全球三分之一的窮人，但因為公民的期望不斷提高、人口老化，以及有充分證據證實福利給付對改善兒童就學率、國民健康和經濟活動大有幫助，這些國家的福利給付正迅速增加。但是，開發中國家的有錢人往往仰賴收費高昂的私立學校和私營醫療服務，甚至是私人保安和私營基礎設施，他們因此覺得自己沒有義務納稅。在奈及利亞或黎巴嫩之類的國家，有錢人家普遍購置發電機，因為公共電力供應一直很不可

靠。說服開發中國家的高收入群體仰賴公部門提供重要服務，對政府增加收入履行更好的社會契約至為重要。

是什麼導致各國做法不同？有些人認為，相對於種族和族群較為多樣的國家如美國或澳洲，人口同質性較高的國家，往往在較強的團結基礎上發展出比較全面的福利體制。[21]但最近的證據顯示，實際情況比較複雜，其他因素更重要，例如移民流入的速度和族群多樣性如何衡量，以及一些文化因素，例如民眾對財富再分配的態度，以及對個人收入多大程度上取決於運氣和努力的看法。[22]

有些國家的福利體制規模較小，原因之一可能與這個常見的誤解有關：福利體制的目的是將錢從有錢人手中重新分配給窮人。但事實上，這只是事實的一小部分。福利體制是四分之三的撲滿（生命週期內的互助保險）和四分之一的羅賓漢（將資源從有錢人手上轉移到窮人手上。）[23]福利體制的一種重要作用，是在我們自己的生命歷程中重新分配金錢。兒童無法借錢支付他們的教育費用，即使他們的就業前景很好。我們都不知道自己老了會得什麼病，也不知道自己會活多久。

大多數人在人生的中間階段，於就業期間出錢支持福利體制，並在他們年輕時（藉由接受學校教育）和年老時（藉由領取養老金和獲得醫療服務）受惠於福利體制。圖2畫出英國人在不同年紀的納稅貢獻和國家花在他們身上的福利與公共服務支出，清楚呈現了英國的這種形態。事實上，在英國，絕大多數人一生中對福利體

制的貢獻與他們得到的福利相若。[24]福利國家體制的這個保險理由，與「投資於公民乃國家經濟發展策略的關鍵部分」這個經濟論點是一致的，因為它有助國家得到能力和生產力最強的勞動力。[25]

　　對社會契約該如何設計的不同看法，源自這個基本問題：社會契約的目標應該是什麼？19世紀末和20世紀初發展起來的傳統福利經濟學認為，社會契約的目標是盡可能提高社會中個人獲得的總「效用」（或滿足）。效

圖2　人們在人生中間階段出錢支持福利國家體制，年輕和年老時得到照顧

英國人在不同年紀的納稅貢獻和國家花在他們身上的福利與公共服務支出

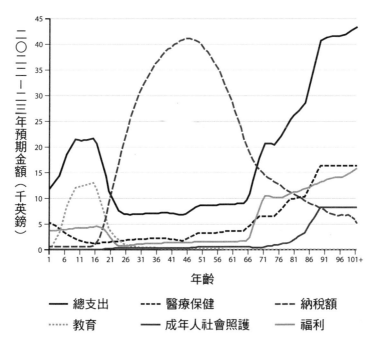

| —— 總支出 | ---- 醫療保健 | ---- 納稅額 |
| ⋯⋯ 教育 | —— 成年人社會照護 | —— 福利 |

用反映在市場價格上——如果你願意為某水準的工資做某份工作，或為某商品支付某個金額，這就反映了你從中得到的效用。最近越來越多經濟學家將效用廣義理解為幸福（而非只是產品和服務之消費），而幸福包括使人快樂的東西，例如身心健康、良好的關係，以及有意義的工作。幸福可以藉由調查測量，而一些國家，例如不丹、愛爾蘭、紐西蘭和蘇格蘭，正嘗試利用這種較為廣義的指標來指導它們的社會契約。

效益論的批評者，例如榮獲諾貝爾經濟學獎的阿馬蒂亞·沈恩（Amartya Sen），會說社會契約的目標不應該只是滿足人們的需求，還應該增強每一名公民的能力，以便他們實現自己珍視的生活方式。[26]收入和市場價格只是故事的一小部分，因為個人滿足教育、食、住或政治自由方面的需求所需要的資源可能各有不同。如此一來，社會契約的目標就大幅擴大，遠非僅著眼於收入，還追求比較平等的結果以及實現美好生活的能力。這也意味著如果個人的選擇嚴重受限，例如被剝奪了接受教育或醫療服務的權利，社會契約就是辜負了他們。我的看法（支撐本書分析的基礎）是：社會契約的目標應該由社會決定，而且應該考慮一系列的廣泛指標，包括收入和主觀幸福感，以及能力、機會和自由方面的指標。

社會對此類問題的共識，往往影響社會契約多大程度上仰賴公部門和私部門履行，而各國在這方面差異很大。數十年來，這大致界定了政治上的左派和右派，雖然這些定義近年已變得模糊。柴契爾夫人擔任英國首相

時曾說過這段名言：「世上沒有社會這東西。只是有個別的男人和女人，也有家庭。而除非經由人民，沒有政府能做任何事，而人民必須先照顧自己。我們有責任照顧自己，然後再照顧我們的鄰居。」[27]根據這種觀點設計的社會契約必然非常倚賴個人責任——家庭必須負責照顧好自己的孩子，政府鼓勵私人辦學，在所得補助方面傾向無所作為，並且非常依賴私營保險市場來應對意外、失能和環境破壞（如洪水）之類的風險。

另一些人則主張政府更有作為，以平衡運氣對人生機會的影響，達至比較公平的經濟和社會結果。美國小羅斯福總統在他的第二次就職演說中表示：「檢驗我們有多進步的標準，不是我們是否令富足者更富有，而是我們是否令貧困者不再匱乏。」[28]面對大蕭條，小羅斯福總統創造了一個有為的政府，為國民提供最低收入保障，並藉由大型公共工程創造就業，使政府成為經濟中的最大雇主。他的新政措施也改變權力平衡，嘉惠工會、佃農和移民工，同時對銀行實施較為嚴格的管制，以免再爆發金融危機。

關於私部門在社會契約中該扮演什麼角色，人們一直有爭論，但這問題近年更受關注，因為更多商業領袖表示，因應經濟危機和公眾期望提高，企業應該承擔更廣泛的責任。通常與米爾頓·傅利曼聯繫在一起的保守觀點認為，企業的職責就是賺錢、守法、納稅和按市場行情支付工資，而只要盡了這些責任，私部門就已經對社會作出最大的貢獻。[29]但是，企業界也有一項歷史悠

久的傳統，就是對企業的社會角色持較為全面的看法；認同這項傳統的公司有時會支付高於市場行情的工資，或提供比較廣泛的福利（如養老金和醫療保障），也可能與員工分享利潤。此一傳統如今正流行起來，企業界因此面臨越來越大的壓力，在關注短期盈利之餘，還必須顧及較廣泛的社會利益——這就是所謂的多方利害關係人資本主義（multi-stakeholder capitalism）。支持者認為，這不是慈善，而是盡可能提高公司長期價值的一種方式。[30]

在實踐中，多數國家在各領域選擇個人與集體責任的某種組合以界定社會契約。在具有保守傳統的瑞士，公民的納稅負擔相對較低，這是典型的小政府模式，但該國接受高等教育的年輕人比例相當高。瑞士的高等教育多數是免費和國家提供的，但約一半的學生是走職業路線，而非純學術路線。瑞士也有複雜的地區再分配系統，分權（decentralisation）程度非常高，也常藉由公投實踐地方民主。與此同時，新加坡以基於自由市場而非大政府原則安排國事著稱，稅負同樣較輕，監理相對寬鬆，但超過80％的人口住在以達至種族平衡為設計目標的公共房屋，而且所有男性公民必須至少服兩年兵役——這是這個非常年輕的多種族國家建立凝聚力的一種方式。另一方面，名義上共產主義的中國直到最近才提供公共醫療和失業給付，而且至今仍不對有錢人課徵遺產稅。

各國選擇的個人與集體責任組合，在任何一個領域

都可能大有不同。我們來看高等教育的融資方式。從經濟角度來說，高等教育既是一種私有財（有助個人提高收入），也是一種公共財（有助培養更有能力、更有生產力、較少犯罪的積極公民。）[31]各國如何決定投資多少在下一代的生產力上，以及由誰買單？光譜的一端是採用較為市場化方式的美國：學生以半商業性的條件取得貸款，放款機構期望他們開始工作後逐漸還清貸款。英國則發展出一種中間著墨的做法，學生貸款以接受高等教育，但收入超過一定水準才需要償還。歐洲大陸和多數新興市場國家主要仰賴政府出資支持高等教育，但因為高等教育基本免費而資源有限，學生眾多往往意味著高等教育品質受損。在中國，受一胎政策影響，如今一名年輕人接受高等教育，除了政府投入資源，還往往有六名成年人（父母加上四名祖父母）拿出可觀的資金支持——他們期望這種投資，可以換取自己年老時得到照顧。這些不同的模式反映各國對世代之間的責任非常不同的看法。

科技發展和女性角色改變，導致社會契約不得不變

歷史經驗顯示，社會劇變往往促使我們重新界定社會契約——美國的新政是拜大蕭條所賜；英國《貝弗里奇報告》的背景是世界大戰；去殖民化帶來亟欲促進經濟和社會發展的有為政府。柴契爾／雷根革命塑造了現今的大部分政策思維，其背後的意識形態轉變是以長期

的經濟衰退和通貨膨脹為背景。我希望在本書中指出，現今世界的許多挑戰，包括民粹主義興起、對全球化和科技發展的反彈、2008年金融危機和最近冠狀病毒大流行的經濟後果、圍繞著種族和女性社會角色的文化戰爭，以及年輕人關於氣候變遷的抗議，是我們需要一種新社會契約的風向標。

直到20世紀末，許多地方的社會契約是建立在這個前提上：家庭仰賴一名男性賺錢養家，女性負責照顧家中老少。社會也普遍假定多數人將維持婚姻直到死亡，而且結婚後才會生孩子；此外多數人會有穩定的工作，一生中不會受雇於很多不同的雇主，在學校累積的教育和技能夠用一輩子；退休後只會再活幾年，年老時主要仰賴家人照顧。

這些假設仍是現行社會契約中許多條款的基礎，但它們真的已經變得非常不切實際。如今全球一半的女性受雇於勞動市場，而且女性就業率上升的趨勢幾乎是普世現象。另一方面，目前在先進經濟體，三分之一至一半的婚姻最終破裂；在多數開發中國家，離婚率較低，但普遍呈現上升趨勢。非婚生兒童的比例越來越高。一般勞工一生中換工作的次數顯著增加，而科技發展很可能將導致此一趨勢加速。雖然許多開發中國家仍處於正規就業（定期支薪、以契約界定義務的正職工作）人口增加的早期階段，先進經濟體的勞動市場卻多了許多人從事幾乎完全沒有福利的不穩定工作，就業非正規化的跡象越來越多。

在20世紀末，科技發展和女性角色改變，是現行社會契約遭受壓力的兩大原因。1980年代和1990年代的技術創新，例如網際網路和貨櫃運輸，大大降低了通訊和運輸成本，使企業得以利用全球一體化的供應鏈，使用來自多個國家的零組件生產產品，引發了最近一波全球化。[32]製造業大規模地從先進經濟體轉移到新興市場地區，尤其是中國，結果是許多先進經濟體工業地區的中產階級工作被掏空。[33]各國整體而言變得更富有，但也更不平等，許多人的生活變得更沒有保障。低技能勞工受到衝擊，教育程度和技能較好的勞工則享受到所得成長的好處，許多開發中國家也是這樣。在勞動市場法規較為寬鬆、雇主比較容易解雇員工的國家如美國和英國，這導致低技能勞工的工資停滯不前。在勞動市場法規比較嚴格的歐洲大陸，這導致低技能勞工的失業率居高不下，因為企業不願意創造新就業機會。

另一方面，這些經濟力量使全球貧困人口以史上最快的速度減少，因為開發中國家（尤其是中國）數以百萬計的人在製造業找到了工作。圖3是著名的「象形圖」，曲線的形狀呈現1990年柏林圍牆倒下至2008年大衰退之間全球所得分配的變化。在此期間，技術創新和全球化的最大得益者，是位於圖表最右邊的全球所得最高的1％人士。另一群主要得益者是介於全球所得分配第10至第60百分位數之間的人，他們主要是開發中國家的窮人和中產階級。所得成長落後最多的是許多先進經濟體的中下階級（lower middle class），他們在全球所

得分配中位居第70至第90百分位數。

　　這是先進經濟體政治不滿情緒的主要驅動因素之一，因為許多人以前在製造業等部門擁有高薪工作，期望自己可以持續過中產階級生活，但如今深陷困境。有些人將問題歸咎於全球化，有些人則埋怨外來移民。事實上，雖然全球化加快了變革的步伐，但證據顯示，科技進步才是先進經濟體低技能勞工工資降低的最重要原因，因為科技進步在提高生產力之餘，使教育程度較高的人在勞動市場占得優勢。收入最高的1%人大大受惠於這些趨勢，他們受到的怨恨自然顯著增加。

　　但這些後果並不是無可避免的。如果政府能夠推

圖3　全球收入最高的1%人和開發中國家的民眾，是最近經濟成長的最大贏家

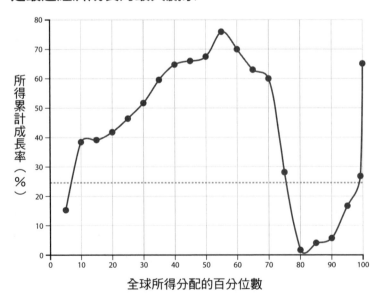

出有效的政策，幫助勞工適應這種新環境，負面影響是可以大大減少的。例如在深受中國融入全球經濟影響的美國，政府就有名為「貿易調整協助計畫」（Trade Adjustment Program）的政策，幫助勞工獲得培訓、補助勞工搬遷和提供工資保險。但該計畫的經費長期不足，因此嚴格限制受助者資格，結果是很少勞工可以受惠並找到新工作。[34]因應外來移民迅速增加，英國推出名為「移民影響基金」（Migration Impacts Fund）的政策，幫助地方政府調整適應，但因為可用的資金太少，該政策未能有效發揮作用。相對之下，丹麥等國家投入更多資源在所謂的積極勞動市場政策上，慷慨支持所有勞工適應經濟衝擊，因此表現較佳。

社會契約遭受壓力的另一個主要原因，是女性接受教育的機會大增，而投入勞動市場而非在家勞動的女性也大增。現在全球幾乎每一個女孩都有機會接受初等教育，而在多數國家，男女接受中等教育的機會也已經幾乎沒有差別。值得注意的是，上大學的女性有史以來第一次超越男性。這種教育擴張的結果之一，是現在約有一半的女性在正規勞動市場工作，因此越來越難無償提供照顧老少的傳統服務。

世界上女性勞動參與率最高的（介於60％至80％之間），是全球最富有的一些國家如挪威和瑞典，以及最窮的一些非洲國家如莫三比克、衣索比亞和尼日。[35]女性勞動參與率最低的（20～40％），主要是南亞和中東國家，因為當地的傳統觀念阻礙女性投入勞動市場，儘

管女性的教育程度不斷提高。[36]南亞和中東國家的人口仍然年輕,女性花較多時間在無償的照顧工作上。但展望未來數十年,隨著女性接受更多教育顯著改變她們的偏好和機會,這種情況無疑將會改變。

在一些地方,女性可以花較少時間在無償的家務勞動上,例如因為有自來水或節省勞力的家電可用,又或者因為男性會分擔家務;這些地方的女性外出工作的能力成長得最快。[37]此外也有明確的證據顯示,國家如果投入較多資源在托兒服務和育嬰假之類的家庭福利上,會有更多女性能夠外出工作。在那些未能提供這種支持的國家,女性就業率往往較低。

無論如何,更多女性投入勞動市場的大趨勢很可能將加速並全球擴散,進而對社會契約造成重大影響。隨著製造業勞工(以男性為主)占勞動人口的比例降低,醫療照護和教育等服務領域(往往有較多工作適合女性)的工作增加,女性就業將進一步增加。而隨著完成高等教育的女性超過男性,勞動力中的女性必將進一步增加。

與此同時,經濟壓力將日益迫使政策制定者設法善用所有女性人才。IMF最近的評估顯示,縮小勞動市場的性別差距,不但可以增加經濟產出,還能提高整體生產力,因為勞動力分配效率可以因此提高,使更多勞工從事他們可以作出最大貢獻的工作。[38]潛在的經濟效益是巨大的。女性就業率提高,也將對支撐政府財政非常重要,尤其是養老金預算。日本之類的國家已經意識

到，更多女性就業並為養老金制度作出貢獻，對支撐逐漸老化的人口至關重要。第2章將說明改變養育孩子的方式，可以如何幫助我們更好地利用女性人才。

社會契約的新壓力：
人口老化、人工智慧、氣候變遷

展望未來，社會契約除了因為技術變革和女性的經濟角色改變而遭受壓力，也將受到其他力量影響。首先，醫療照護進步延長了人類的壽命，結果是世界各地都出現人口老化的現象，儘管老化的速度各有不同。2018年，人類歷史上第一次出現全球64歲以上人口超過5歲以下兒童的情況。

人口趨勢對代際社會契約有重大涵義。在人口老化速度最快的日本，目前每10個工作的人要養4個老人和2個15歲以下的兒童。相對之下，在人口年輕的奈及利亞，每10個工作的人要養8個孩子和0.5個老人。而在歐洲，平均每10個工作的人要養3個老人和2個孩子。根據目前的人口預測，這些扶養比未來將變得更棘手。例如在日本，估計到2100年時，工作的人將只剩下總人口的一半，另一半是老人和兒童。展望未來，社會將如何照顧老年人口？家庭與國家將如何分擔責任？在勞動年齡人口萎縮的情況下，政府將如何支付照顧老人的費用？提高女性的勞動參與率，只是解決方案的一部分，本書第6章將探討我們如何才能既人道又可持續地照顧老人。第4章將討論我們可以如何處理醫療照護需求成

長勢不可當的問題。

除了人口老化的壓力，我們目前也正經歷人工智慧和機器學習驅動的技術變革浪潮。這些新技術有利於高技能人才和城市居民。在過去，全球化導致資本全球流動以尋找廉價勞動力。歐洲和美國的成衣製造商，將生產作業遷往孟加拉或越南之類的低工資國家。在現代知識型經濟中，資本全球流動以尋找聚集在大城市的技術勞工。例如需要高技能勞工的數位公司在上海、邦加羅爾或舊金山設立據點，因為這種人才往往聚集在主要大學和文化中心周遭。這種新動態如果應對不當，可能加劇所得不平等和區域差異。

各方估計不一，但自動化未來二十年很可能將影響50％的工作。與上一波技術變革不同的是，這一波不但將影響製造業工作，還將影響許多服務業工作，從店員到卡車司機以至律師和會計師都未能倖免。[39] 這一波技術變革也將同時影響開發中國家和先進經濟體，因為機器人技術將使許多以前轉移到低工資國家的製造業工作，變得有可能回流至工資較高的國家。冠狀病毒大流行可能將加快此一趨勢，因為許多企業將致力簡化它們的供應鏈並設法本地化；但隨著企業安排員工靈活地遠距工作的能力增強，工作的地理分布可能變得比以前分散。

有關許多工作將消失、大量人口將失業的臆測甚囂塵上，也有許多人表示，我們必須支援那些將被機器人取代的勞工，為此可能必須推行全民基本收入。但最可能出現的情況不是工作將消失，而是工作將會改變。自

動化技術可以取代勞工，但也可以輔助勞工，創造新的工作。重複的例行工作將自動化，機器將增強人類的能力，而掌握與機器人互補技能的人將有最好的發展機會。[40]這些互補技能包括創造力、情緒智力和與人合作的能力。我們面臨的風險是：技術水準較高的人將因為受惠於新技術而遙遙領先，從事重複例行工作的人則被甩在後頭。本書談教育的第3章和談工作的第5章，將針對這個日益棘手的難題提出解決方案。

與此同時，從世界各地年輕人的環境抗爭看來，他們對現行社會契約非常失望，因為他們認為這種契約正在剝奪他們住在一個穩定和宜居的星球上的權利。聯合國跨政府氣候變遷專家小組（IPCC）估計，人類的活動已經導致全球氣溫比世界工業化之前高出1°C，而這將有嚴重後果，包括平均氣溫變得不宜人、極端天氣事件頻繁、海平面上升和許多物種滅絕。[41]全球森林覆蓋已損失約80%。全球每年估計損失600萬至1,200萬公頃的農地。[42]過去四十年間，世界上一半的野生生物消失了。[43]聯合國糧食及農業組織發現，不可持續的過度捕撈已經波及全球33%的漁場。[44]

針對這種環境損失，我們是否有可能對當前和未來世代作出補償？許多人認為，環境具有內在價值，補償這個經濟概念在此不適用。有些損失，例如物種滅絕，是不可逆轉的，我們因此不可能知道自己已經放棄了哪些未來的利益。此外，科學家們認為，如果全球暖化超過某個程度，我們可能面臨災難性的洪水、極端天氣事

件、農業乃至生態崩潰,而果真如此,再大規模的補償都可能並不足夠。第7章探討代際社會契約,說明我們可以如何達至較高水準的代際公平。

社會契約何去何從?

社會契約決定我們在社會中對彼此的合理期望。技術變革、女性的角色改變、人口老化加上環境問題,導致我們原本的經濟和社會模式遭受壓力。社會契約中的裂縫在冠狀病毒大流行期間暴露無遺,因為我們清楚看到社會中哪些群體最脆弱。如果我們不認真重新思考我們對彼此的責任,許多國家已經出現的政治動盪不過是在告訴我們,我們將面對更嚴重的困難。如果我們能夠重新調和期望,提供新的機會和援助來應對變化,我們就有可能達成新的共識,使我們和我們的孩子享有美好的未來。

比較符合21世紀需求的新社會契約會是怎樣的?

隨後各章將聚焦於社會契約從搖籃到墳墓的關鍵要素,包括撫養和教育兒童、處理健康問題、幫助人們適應新的經濟現實、照顧老人,以及平衡不同世代的利益。我將根據世界各地的經驗提出例子和教訓,說明社會契約遭受壓力的許多方式,以及我們可以如何重塑社會契約。本書將重點關注解決方案和克服問題,但也承認沒有「正確」答案。社會契約必須反映社會的價值觀並嵌入其中,而我們所有人都必須幫忙界定這些價值觀。

我認為有三個大原則,可以指導我們設計新的社會

契約。首先，我們應該保障人人都有過體面生活所需要的基本條件，包括基本的醫療照護、教育、與工作有關的福利，以及保護老人免於貧困的養老金，其水準取決於社會的負擔能力。第二，我們應該期望每一個人盡其所能作出貢獻，並藉由提供終身培訓機會、延後退休年齡、幫助家庭照顧兒童（以便女性投入勞動市場），使人們獲得最大的機會作出貢獻。第三，疾病、失業和養老等方面的風險，最好是由社會集體承擔，提供基本保障，而不是要求個人、家庭或雇主承擔風險。

驅動當今世界經濟的強大力量，包括全球化、資本主義、人口變化、技術創新、環境開發，已經造就了巨大的物質進步，但我們的社會契約未能處理好種種負面結果。我將指出，一種不同的社會契約將能保留這些好處，同時為所有人創造更好的機會結構。此外，它可以打破失望和憤怒驅動的政治惡性循環。設想一種新的社會契約，也將有助我們完成一件更基本的事，那就是改變我們在家庭和社區中的期望和行為，此外也將影響我們對雇主和政府的要求。接下來的各章節，就是希望促成有關我們在未來對彼此有何責任的對話。

2
育兒

是否生孩子，以及如果生，誰來照顧孩子（尤其是在孩子很小的時候），都是非常私人的決定。我們選擇由父親或母親留在家裡照顧孩子、利用正式的托兒服務，抑或仰賴祖父母照顧孩子，取決於許多因素，包括個人偏好、道德或宗教信仰，以至社會規範和經濟條件。但是，這些看似私人的決定，卻對社會有重大影響。孩子如果未能獲得家庭妥善照顧，在學校和職場往往會遇到巨大的困難。他們比較可能無法發揮自己的潛能、成為有生產力的公民和為公共利益作出貢獻。他們的孩子也比較可能沒有好的發展，因為不利條件可能代代相傳。因為這些廣泛的社會後果，各國政府幾乎總是嘗試制定政策幫助家庭好好養育孩子，而這意味著政府（或明或暗地）針對家庭應該如何組織選擇某種看法。

我們來看一下東德與西德非常不同的經驗。在1980年代末，東德是世界上公立學前托兒服務最普及的國

家：約70％的3歲以下嬰幼兒由正規托兒所照顧，3至6歲的兒童則幾乎全都接受公立機構照顧。[1]政府的政策以盡快使女性在生產後恢復工作為目標，因此育嬰假很短，公立托兒服務則是普及和免費的。社會規範認為，這對母親和孩子都是可取的，而且這也符合社會主義經濟中比較重視男女平等的觀念。

相對之下，西德的家庭政策較為傳統：育嬰假比較長，但期間可以拿到的工資不多，國家不怎麼樣補貼托兒服務，夫妻合併課稅；這種政策降低了女性生產後繼續工作的意願。輔助原則（principle of subsidiarity）是這種做法的基礎，它認為在分權的聯邦體制中，社會服務的責任應該由最基層的層級承擔。家庭能解決問題，就不要指望公共服務；慈善機構能解決問題，就別指望國家；地方政府能提供服務，就別仰賴中央政府。因此，母親留在家裡照顧孩子是西德的常規。德國統一30年之後，這種輔助原則以及對公共領域納入家庭責任的抗拒，導致德國東西部之間繼續存在顯著的差異。[2]

你支持哪一種制度，取決於你的觀點和優先要務。有些人認為，社會選擇應該基於公平原則，男性和女性應該享有平等的人生機會。有些人傾向支持由母親照顧年幼的孩子，因為他們認為這是對孩子和家庭最好的安排。

什麼是照顧孩子的最好方式？這個問題沒有單一標準答案，但無論我們採用什麼方案，對女性的工作生活都會有重大影響。目前這兩個問題是不可分割的。同樣清楚的是，若想給孩子最好的人生開端，我們不能把照

顧兒童當成一種無償工作，而是必須使它成為一種必要的基本社會服務。本章將彙集證據，評估不同的社會契約如何影響女性的經濟角色和兒童的福祉。

人盡其才的經濟

目前許多辯論反映了圍繞著女性經濟角色變化的緊張關係。例如，教育程度越來越好的女性，如何克服她們在某些國家和領域面臨的歧視？為什麼女性收入低於男性？為什麼要求同工同酬的法律產生的作用這麼小？我們可以如何減輕女性背負的工作與家務雙重負擔？在出生率趨跌的國家，儘管收入沒有保障，而且地球人口過剩令人憂心，我們可以如何說服年輕人成家？而在出生率仍然很高的非洲，我們可以如何為女性提供教育機會和避孕方法，使她們在家庭規模方面有更多選擇？這些爭論反映社會契約出現的裂縫：社會契約受方向不同的兩股力量拉扯，一股是教育和經濟需求，另一股是社會規範。

從經濟角度來看，我們因為沒有盡可能支持女性投入勞動市場而蒙受的損失是巨大的。1960年，美國94％的醫生和律師是男性白人。五十年後，該比例已經降至62％，因為女性、男性黑人和其他少數族裔多了機會進入這些行業。美國1960年至2010年間的生產力成長，估計有20％至40％可歸功於更好地利用整個經濟體中的所有人才。[3]這一點值得深思：美國因為不再僅仰賴相對有限的白人男性人才，可以將更多工作分配給最合適的

人，經濟生產力大幅提升。這種經濟效益既來自女性進入她們勝任的職業，也來自女性取代才能較差的男性。[4]

在歷史上，人才配置不當有許多原因。有關什麼人該做什麼類型工作的社會規範是一個因素，而按照當代標準，這種規範往往無異於歧視。後來出任美國最高法院大法官的露絲·貝德·金斯伯格（Ruth Bader Ginsburg）1959年以第一名的成績畢業於哥倫比亞大學法學院，但畢業後很難找到工作。她某次受訪時解釋道：「同時身為一名猶太人、女性和媽媽，這有點太過分了。我因此三振出局。」[5]如果父母、教育機構或雇主對人有特定的偏好，則不同的群體得到的機會就會顯著不同。雖然在許多地方是違法的，但基於性別、種族、殘疾、性傾向或其他特徵的歧視仍相當普遍。例如許多研究發現，女性名字導致雇主假定應徵者比較不勝任，而招人的公司往往假定媽媽沒有爸爸那麼投入工作和稱職。[6]

現在接受教育的機會已經變得比較平等，而許多國家（雖然不是全部）已經立法禁止許多形式的性別歧視。拜機械化和自動化所賜，許多勞力工作的體力要求已經顯著降低，因此有更多類型的勞工可以從事這些工作。從軍和開計程車之類的工作，以前是男性的專屬職業，但現在女性軍人或計程車司機並不罕見。網路求職平台徹底改變了勞工與職位的配對方式，而關於男性和女性可以從事哪些工作的社會規範也正在改變。例如現在有越來越多男性投入護理業，而傳統上以男性為主的職業如工程和法律，則出現越來越多女性。此外，有男

女雙寶的父母多數觀察到，孩子與生俱來的才能和興趣，並非總是符合性別刻板印象。

儘管如此，女性仍承擔照顧家中老少的大部分責任。隨著國家變得富裕，清潔、煮食、採買之類的家庭雜務，越來越大程度上可以借助洗衣機、吸塵器之類的「解放工具」，但照顧家中老少至今仍是非常費時的事，所需要的時間不會因為國民所得水準不同而大有差別。即使女性已經在做更多受薪工作，她們仍肩負較重的無償勞動負擔——這種勞動常被稱為「值第二班」（the second shift）。[7]全球而言，女性平均每天比男性多做兩小時的無償工作。IMF蒐集90個國家的數據，發現在重視男女平等的挪威，這種差異最小，女性花在無償勞動上的時間比男性多20％，而在男女非常不平等的巴基斯坦，這種差異最大，女性花在無償勞動上的時間比男性多1000％（圖4）。[8]

跡象顯示，先進經濟體的家務分工正在改變。一項研究發現，自2000年以來，女性每天花在無償勞動上的時間比1916年至1989年間少了半小時，而這半小時如今被用在有償工作上。相對之下，男性的有償工作時間有所減少，每天花在無償勞動上的時間多了40分鐘。[9]這種夫妻之間的家務分工調整，在女方受過高等教育的家庭中至為顯著。

在開發中國家，這種調整目前還不明顯。66個開發中國家的數據顯示，女性花在無償勞動上的時間是男性的3.3倍。[10]在照顧家人的負擔最不平等的國家，這

圖4 無論在哪裡，女性的無償勞動時間都比較長

女性每天無償勞動的平均時間（小時）

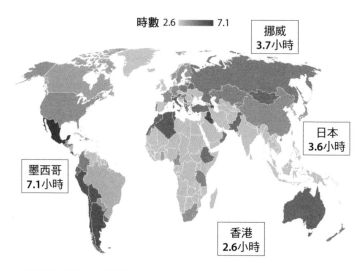

時數 2.6 ▬▬▬ 7.1

挪威
3.7小時

日本
3.6小時

墨西哥
7.1小時

香港
2.6小時

女性對男性的無償勞動時間比率

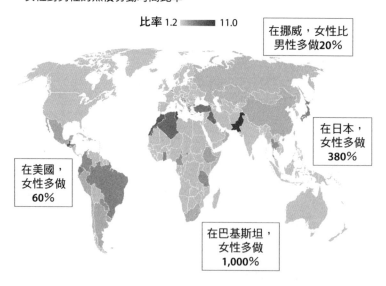

比率 1.2 ▬▬▬ 11.0

在挪威，女性比
男性多做20%

在日本，
女性多做
380%

在美國，
女性多做
60%

在巴基斯坦，
女性多做
1,000%

種額外的勞動相當於女性每年多付出10個星期或更多的時間。大一點的孩子（幾乎總是女孩）也往往幫忙照顧兒童，但據估計，全球約有3,500萬個5歲以下的孩子無人看管。而如果開發中國家的男性確實參與照顧小孩，他們自稱有這麼做的比例與他們的伴侶所講的大有差別（許多女性讀者看到這裡可能笑了出來。）例如在印度，37％的男性表示他們每天都有照顧孩子，但只有17％的印度女性表示有這麼一回事。在巴西，這種差異甚至更大：39％的男性表示他們每天都幫忙照顧孩子，而只有10％的巴西女性說有這回事。

因此，儘管女性在教育和就業選擇方面已有進步，許多家務可由機器代勞，而且社會規範也在改變，但目前優化人才配置的最大障礙，仍是世界各地許多女性有了孩子之後會退出勞動市場，或轉做比較低薪的工作，以便兼顧受薪工作和照顧家庭的責任。[11]男性與女性的薪酬差距頗大，很大程度上可說是因為女性要兼顧家務，往往只能做較為彈性、兼職或工作時數要求較低的工作，通常也就是時薪較低的工作。而因為女性工作時間較少，累積的工作經驗也較少，這拖慢了她們的職業發展，也導致她們的薪酬難以提高。[12]此外，許多有了孩子之後退出勞動市場的女性再也不曾恢復就業，而這往往是因為長時間沒工作，使得她們很難回去職場。

結論是：有才能的女性在真正性別中立的勞動市場可以發揮潛能，而這可以同時提高女性和男性的生產力。潛在的經濟效益是巨大的——消除性別差距或許可

使國內生產毛額（GDP）增加35％，因為女性可以為工作場所貢獻額外的技能。[13] 為了實現這些經濟效益，我們必須檢討我們的社會契約，調整我們照顧兒童的方式。

家庭 vs. 國家和市場

在每一個國家，社會契約確立了關於男女之間育兒分工和育兒地點的規範。前者是藉由產假和陪產假的分配來確定，後者是藉由提供現金給付（鼓勵民眾在家照顧孩子）或補貼托兒服務（鼓勵民眾使用托育中心或幼兒園之類的制度化設施）來確定。

大體上有兩種模式。一種模式在育兒方面給予個人的經濟或社會支持非常少或甚至沒有，藉此加強家庭的作用。南歐和東亞國家是這種模式的典型例子，它們的政府政策著重提供假期，通常是給媽媽，以便她們能夠自己履行照顧孩子的責任。如果國家支持民眾育兒，則是採用福利支付的形式，而這也是鼓勵家庭自行照顧兒童。另一種模式提供基於國家或市場的替代方案，也就是提供免費或政府補貼的托兒服務，使個人可以在不仰賴家庭的情況下履行照顧孩子的責任。北歐和法國等國家慷慨提供國家資助的托兒服務，是這種模式的例子。[14]

不足為奇的是，這兩種模式有很大的爭議，而它們根植於我們的價值觀——關於社會契約應該在多大程度上偏向個人主義或偏重家庭功能的價值觀。家庭模式強化男性和女性的傳統角色，也鼓勵大家庭的成員之間和不同世代之間相互依賴和承擔對彼此的義務——祖父母

（通常是祖母）照顧孫兒，期望自己年老時得到照顧。另一種模式則使個人能夠在傳統結構之外（例如單親家庭）安排自己的生活，容許更有彈性的家庭形式。

因此，祖父母參與照顧兒童的程度（世界各地的差異很大），是一個國家在育兒方面有多偏重家庭功能的一項好指標。在歐洲和美國，不到10％的兒童由祖父母照顧，東亞是30％，而撒哈拉以南非洲地區則有75％。[15]這在某程度上與人口結構有關。在人口老化的社會，女性較晚生孩子，祖父母因此往往比較老，無法幫忙照顧孩子。而在許多非洲國家，祖母只有五十幾歲，完全有能力照顧孫兒，使第二代能夠外出工作。

中國可能是祖父母照顧兒童的比例最高的國家，上海、北京和廣州分別有90％、70％和50％的兒童由至少一名祖父母照顧，當中一半的祖父母是唯一的照顧者。[16]這反映了中國的一胎化政策（導致每一名孩子有多位祖父母）、有限的公共托兒服務、該國的文化傳統和低退休年齡，以及大量人口從農村遷往城市（結果是中國一些農村幾乎只剩下兒童和他們的祖父母。）[17]

孩子由祖父母照顧或交給正規托兒服務機構照顧，哪一種方式比較好？這個問題沒有「正確」的答案，每個家庭會根據自己的情況和偏好作出選擇。一項研究發現，由祖父母照顧的兒童似乎通常掌握較多詞語，很可能是因為這些孩子與成年人（即祖父母）的一對一互動較為密切。但是，由祖父母照顧的兒童在其他認知測試中表現較差，例如非語言推理或與入學準備有關的數學

概念。這些差異對來自弱勢家庭的兒童最重要。[18]

相對於鼓勵在家庭以外照顧孩子和鼓勵男性參與照顧孩子的模式，在育兒方面較為傳統、以家庭為基礎的社會契約，對女性參與受薪勞動有何影響？哪一種模式在未來最可行？

先進經濟體的育兒政策

在比較先進的經濟體，支持育兒的支出平均為GDP的0.6%（無論育兒是以家庭為基礎，還是由國家提供服務。）相對之下，這些經濟體的教育支出約為育兒支出的8倍，醫療支出更是育兒支出的21倍。[19]至少支付部分工資的育嬰假平均有55個星期。如前所述，在這方面最慷慨的國家是北歐國家和法國；最不慷慨的是南歐國家、澳洲、紐西蘭、瑞士、墨西哥和土耳其。

在屬於經濟合作暨發展組織（OECD）成員的較先進經濟體中，男性享有的有薪育嬰假普遍遠少於女性，平均有8個星期。在法國，當爸爸的人享有相對慷慨的28個星期的有薪育嬰假，但在紐西蘭、加拿大和瑞士，父親完全沒有這種福利。不過，這種情況正在改變。歐盟執委會最近一項指令，要求所有成員國在2022年前提供至少4個月的育嬰假（父親和母親每人至少4個月），當中只有2個月可以在父母之間轉移。德國和瑞典則已經更進一步，分別提供14個月和16個月的育嬰假，而且全部可由父母共享。芬蘭現在為所有男性提供7個月的育嬰假。

　　與此同時，美國獨樹一幟，它是唯一沒有法定有薪產假或陪產假政策的先進經濟體。自1993年起，美國的《家庭與醫療假法》（Family and Medical Leave Act）保證符合資格的勞工，每年可以出於醫療原因（包括孩子出生）休假最多12個星期，但這種休假是無薪的。美國在育兒方面的公共開支相當於GDP的0.35％，遠低於OECD的平均水準。美國家庭因此將相當一部分的私人收入花在育兒上，而不同收入組別之間的差異非常大。[20]

　　這些政策選擇對家庭就業形態影響巨大。在北歐，國家在育兒支出和育嬰假安排方面相對慷慨，父母都有受薪工作的雙薪家庭最常見，例如丹麥和芬蘭分別有55％和59％的夫婦是兩人都有工作的。在歐洲大陸，一薪半模式比較常見，也就是男性全職工作，女性主要從事兼職工作。法國和比利時採用混合模式：國家給予女性相當長和高收入的育嬰假（尤其是在孩子年幼時），但也支持她們在有能力的時候從事全職工作。[21]經濟上奉行自由主義的福利國家如英國，提供各種私營市場解決方案（例如育兒券），公共援助則主要是以托兒服務處理市場失靈的問題和照顧有迫切需求的民眾，例如非常貧窮或面臨其他困難的家庭。[22]這種政策導致多數女性落入家裡次要賺錢者的位置。在南歐，社會契約傾向支持家庭自己履行育兒責任，男性賺錢養家的模式最常見。[23]在大部分的開發中國家也是這樣。

開發中國家的育兒政策

在開發中國家，育兒政策仍是以支援家庭育兒為主。此一趨勢因為許多女性在非正式經濟部門工作，並不享有休產假的法定權利而加劇。國際勞工組織估計，開發中國家仍有8.3億名職業婦女未能休產假。[24]在亞洲、非洲和中東多數國家，法定產假為12～13週，工資為之前工資的100％，但因為正規勞動市場上的女性不多，實際受惠於該政策的人非常少。

亞洲一些開發中國家開始提供陪產假，但速度很慢，而且假期不長——菲律賓的陪產假為7天；孟加拉、柬埔寨和越南有10天；中國和印度根本沒有。在非洲和中東地區，陪產假相當罕見。伴侶之間可分享的育嬰假在開發中國家更是罕見（僅有的例子為布吉納法索、查德、幾內亞、尼泊爾和蒙古），有薪育嬰假更是幾乎完全沒有。但是，已有證據顯示，提供陪產假的開發中國家得到女性就業率提高的好處。[25]

然而，在這種背景下，我們可以在開發中國家找到政府加強支持育兒的許多例子，結果是更多女性能夠外出工作，而且在育兒相關領域為女性創造了就業機會。在墨西哥，名為Estancias的計畫提供每週5天、每天至少8小時的托兒服務。該計畫人手充裕，提供有營養的食物，還設有一個教育方案。該計畫的經費高達90％來自公部門，所照顧的兒童多數來自最窮的家庭。把孩子送到這些托兒中心的女性，平均每天增加6小時的工作

時間。該計畫也為多達4萬名女性提供工作。在印度，類似的計畫已經照顧了超過100萬名的兒童；在南非，這種計畫為超過2萬名女性提供工作。[26]

育兒與女性就業

廣泛的研究已經證實，托兒費用降低的結果，是更多媽媽進入勞動市場。[27]此外，那些投入更多資源支持女性生產後恢復工作的國家，因為女性勞動參與率較高而獲得經濟效益（圖5）。方便、可負擔、優質的托兒服務，有助媽媽達至工作與生活的平衡，而如果托兒服務獲得政府某程度的補貼，民眾會特別積極利用。許多其他因素也很重要，包括女性的教育、平均工資、社會規範和育兒法規，但社會契約最慷慨的國家能夠維持較高的女性就業率和生育率，結果是人口得以保持穩定。

然而，這些國家之間仍有顯著的差異。在多數先進經濟體，男性和女性的收入起初軌跡相似，然後在第一個孩子出生後明顯分道揚鑣：女性的收入急跌，男性大致上不受影響。這種「育兒損失」的程度（生第一個孩子5至10年後的收入跌幅）差異很大：瑞典和丹麥為21～26％，德國和奧地利是31～44％，英國和美國則高達51～61％。[28]短期而言，這些差異與育嬰假和托兒服務方面的政策有關，但這只是故事的一部分。較長期而言，關於男女各自角色的文化規範，以及一些國家對媽媽是否應該留在家裡的普遍保守態度，產生的影響似乎更大。[29]

圖5　家庭福利較慷慨的國家，使更多女性維持受薪工作

2015年經合組織國家的女性就業率和家庭福利公共支出

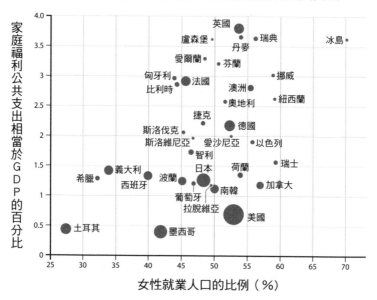

（縱軸）家庭福利公共支出相當於GDP的百分比
（橫軸）女性就業人口的比例（％）

一些受人口萎縮問題困擾的國家，例如日本、南韓和臺灣，已經增加對家庭的經濟援助，希望能夠阻止生育率下跌。[30] 日本和南韓面對生育率下跌速度全球最快的窘境，如今提供最慷慨的有薪陪產假（長達一整年），但只有不到3％的男性善用這種福利。為什麼？最近南韓有份研究報告的標題很妙，叫做「我很想但我不會去做」（I Want to but I Won't）。它發現即使許多有工作的20～49歲韓國已婚男性想利用陪產假，但因為他們認為其他男性認為休陪產假不正常而沒有付諸行動。即使他們個別而言全都想休陪產假，但因為他們對其他人

的想法抱著錯誤的假設,結果他們在孩子出生時並沒有休陪產假。[31]英國也有類似情況:即使男性可以休陪產假,但40%的爸爸完全不利用這種福利,休陪產假超過兩星期的爸爸不到10%。

這些努力之所以失敗,是因為它們鞏固了以家庭為基礎的育兒模式,但並沒有使男性變得比較願意分擔無償的家庭勞動。如果男性的態度不改變,國家加強支持育兒是不夠的。但如果設計得當,政府的政策可以幫助鼓勵民眾改變行為。例如冰島的政策為家庭提供選擇,看來成功地促使男女調整對無償家庭勞動的承擔。該國提供9個月的有薪育嬰假 —— 媽媽3個月,爸爸3個月,還有3個月可由父母分享。如果爸爸不休育嬰假,他那3個月的有薪假期就會白白浪費。自2000年引進該政策以來,冰島幾乎所有的爸爸都休育嬰假,而調查顯示,他們在孩子的生活中發揮的作用比以前大得多。[32]

義大利、西班牙和愛爾蘭這些國家向來以天主教大家庭著稱,現在卻真的面臨人口萎縮的風險。為什麼?這些國家對育兒的資助不多,政策仍傾向鼓勵家庭自行照顧孩子,而男性很少承擔無償的家庭勞動。高失業率和工作不穩定,使年輕人無法早一點成家生子,問題因此更嚴重。結果是,這些國家的生育率,如今位居全球最低之列。

育兒安排對兒童的影響

托兒服務發展緩慢的原因之一,是傳統觀念認為媽

媽外出工作對孩子有負面影響。這種觀念往往假定，只有媽媽能為孩子提供健康成長所需要的照顧。但是，關於媽媽外出工作如何影響孩子的發展，現實中的證據怎麼說？爸爸又如何影響孩子的發展？針對這個問題，學者已經做了大量研究。

心理學家普遍認為，孩子出生後的頭幾個月，對其大腦和情感的發展至關重要。[33]女性生產後較晚恢復工作，有助母乳餵養持續更長時間，以及在這個關鍵階段進行更多親子互動。研究也發現，母親早早恢復工作與孩子幼兒期學習成績較差有一些關聯。[34]總結多項實證研究的一份報告指出，證據顯示，媽媽如果可以在生產一年之後才恢復工作，孩子可以得益。[35]當然，這些研究沒有考慮媽媽失去技能和經濟獨立性的影響，談論對孩子的影響時也沒有以家庭以外的優質托兒服務為對照基準。我們也沒有足夠的數據或研究，來判斷爸爸在孩子出生後頭幾個月留在家裡，是否可以產生同等的好處。

但是，孩子稍大一些之後，也將受惠於其他照顧者、同儕和學校的影響。在孩子2〜3歲時媽媽恢復工作，看來有助這些孩子在學習和行為上表現更好。[36]綜合69項研究的統合分析發現，媽媽就業很少與孩子的負面表現有關；事實上，教師對孩子的評價似乎顯示，媽媽就業對孩子有好處。相對於留在家裡，媽媽恢復工作若對孩子有影響，那就是使孩子在學習和行為上表現更好。[37]如果托兒服務品質不錯，這種改善會更顯著。[38]時機顯然是重要的——孩子出生後的第一年裡，爸爸或媽

媽留在家裡對孩子有好處，而父母在第二年或第三年外出工作，通常對孩子的學習成績有正面影響。

　　不久之前，一些國家延長產假，希望能改善兒童的福祉。例如德國1992年將產假從18個月增至36個月，結果生產後繼續工作的女性大幅減少。[39]此一政策的目的是促進兒童的發展，但研究者比較改革之前和之後出生的孩子在學習和就業方面的表現，未能找到進步的跡象。事實上，改革可能略微損害了兒童的學業成績，而家庭收入減少也很可能是有害的。研究顯示，加拿大和丹麥也出現類似現象，雖然有一項研究發現，在產假較長的歐洲國家，嬰兒和兒童死亡率較低。[40]在美國，實行有薪產假使嬰兒出生體重略有改善，早產兒減少，嬰兒死亡率有所降低。[41]

　　媽媽恢復工作對貧困家庭的孩子特別有利。來自經濟窘迫家庭的孩子，尤其是單親家庭或仰賴福利給付的家庭的孩子，如果父母有工作，往往會有比較好的表現。[42]媽媽就業使家計變得更有保障，有助紓解家庭壓力，而這可以彌補媽媽不在家的影響。相對之下，媽媽就業對富裕家庭孩子的好處比較少，因為增加的收入對他們的福祉不大重要。

　　媽媽外出工作，對女孩和男孩的影響也非常不同。最近有一項研究追蹤北美、南美、澳洲、歐洲、亞洲和中東29國10.5萬名兒童，直到他們長大成人。[43]相對於媽媽沒有就業的女孩，外出工作的女性的女兒，更有可能投入勞動市場、擔當較高的職位、工作更長時間，以

及獲得更高的收入。外出工作的媽媽所養的兒子,花更多時間照顧家人,女兒則花較少時間做無償家務。這些差異被歸因於這項事實:外出工作的媽媽向自己的孩子灌輸傾向男女平等的思想,有助平衡家裡有償和無償工作的分配。

女性生產之後適時恢復工作,對孩子和經濟都有好處。除此之外,越來越多證據顯示,爸爸參與照顧嬰兒也非常有益。在父親陪伴下成長的孩子,情感和行為發展都更好。爸爸陪伴孩子的時間,往往隨收入成長而增加,而且他們與孩子的互動往往與媽媽不同,可以補媽媽之不足。觀察研究顯示,爸爸與孩子的互動,傾向比較刺激和有活力,可以鼓勵孩子冒險和探索,有利於孩子的認知發展。[44]例如孩子3個月大時若常與爸爸互動,2歲時在認知測試中表現更好。[45]孩子出生後第一個月內,爸爸如果參與照顧孩子,孩子一年後的智力發展也會比較好。[46]

未來的家庭

勞動市場多利用女性的才能對經濟有利,女性生產一年之後恢復工作,也對孩子的福祉有利。研究也已經證明,爸爸在孩子年幼時多參與照顧孩子,對孩子有明確的好處。社會契約若能平衡男性和女性照顧孩子的責任,並將女性的無償勞動轉為有償工作,將使我們的社會更加富裕和公平。我們的孩子年幼時,若能獲得父母積極投入照顧,而且隨後能受惠於優質的托兒服務,他

們在學業和心理方面將會有更好的表現。這對出生於貧困家庭的孩子特別重要，而且有助改善社會流動性。

有許多模式涉及分配更多公共資源，來提供可負擔的優質托兒服務。國家的支持是鼓勵家庭自行照顧孩子抑或利用外面的托兒服務，最好是留給個人和家庭來選擇。育嬰假和托兒服務的成本由國家而非雇主承擔，將使男性和女性在就業市場的競爭條件變得更公平。關鍵是公共政策必須平等地支持男性和女性，以便他們享有選擇的自由，而且經濟中的人才配置可以達到最佳狀態。

理想的情況是政府為家庭提供多種選擇（產假和陪產假，或父母可以共用的育嬰假；後者更好），並以公帑支持民眾在家照顧孩子和制度化的托兒服務。這些選擇是非常個人的決定，很大程度上取決於個人情況。必須發生的關鍵變化是：我們不能再忽視照顧下一代的重要性，不能再認為家庭自行履行育兒責任是理所當然，不能再把照顧孩子貶為一種無償勞動。照顧下一代，必須成為基本公共服務不可或缺的一部分，就像醫療或教育服務那樣。這種服務還必須具有足夠的彈性，以因應工作和家庭組織方式的變化。這將同時改善男性和女性的生活、更有效地支持兒童，並創造就業機會——主要是嘉惠女性。

雖然提供托兒服務非常重要，還有許多其他政策，可以幫助我們邁向更平等的勞動市場。更有彈性的工作安排，例如換工作可以帶著福利走，轉做兼職工作仍可獲得經調整的福利，將有助男性和女性兼顧照顧

家人的責任和不斷變化的工作模式（第5章將進一步討論。）此外，針對個人課稅好過鼓勵夫妻共同報稅。夫妻共同報稅時，收入較低者（通常是女性）的稅率與伴侶相同，這往往意味著她的納稅負擔加重了，因此不利於鼓勵女性投入勞動市場。[47] 與此同時，學校放漫長的暑假，使許多有工作的父母相當頭痛，而且在農業就業人口很少且童工不合法的社會裡，這種安排實在不大合理。社會契約在所有這些方面支持雙薪家庭，對我們非常重要。

但是，光靠政策是不夠的；社會契約也必須在家庭中有所改變。正如日本和南韓的例子告訴我們，如果社會態度未能與時俱進，哪怕是全球最慷慨的陪產假政策也未能發揮作用。北歐國家提供了有趣的對照——經過數十年的發展，當地的社會契約以女性就業率相當高、國家慷慨支持民眾育兒，以及男性分擔較大比例的無償勞動著稱。這種模式能夠維持高水準的收入和生育率，足以穩定人口。相對之下，儘管政府的政策越來越慷慨，南韓現在的生育率是全世界最低的，平均每名女性只生0.9個孩子（該數字必須達到2.1才能維持人口穩定），因為社會態度沒有改變。

我們承擔得起如此大規模地改變社會契約嗎？在我看來，我們承擔不起不這麼做的代價。家庭結構正在迅速演變：越來越多人較晚結婚，越來越多女性較晚生孩子；單親家庭越來越多；人口正在老化，而除了非洲，世界各地的生育率都在降低。我們的社會契約必須跟上

現代家庭和現代經濟的需求，使更多女性得以在工作場所發揮她們的才能，將可增加產出、生產力和稅收，效益遠遠超過政府增加資助托兒服務的成本。幫助男性增加參與照顧孩子，也將改善兒童的福祉，有助我們培養出更有生產力的年輕世代，而他們將貢獻更多稅收，有助滿足人數日多的長者的養老和醫療需求。社會應該共同承擔這些風險，而不是試圖在家庭中處理不同世代之間的承擔──歷史經驗已經告訴我們，後一種做法導致非常不平等的結果。

3
教育

2005年，我造訪衣索比亞南部一個村莊，那裡除了有東非大裂谷的壯麗景觀，還有一些極其貧困的人——在衣索比亞這個世上最窮的其中一個國家，他們是近乎最窮的人。我在那裡見到一些當了父母的人，他們非常、非常瘦，顯然在不久之前曾經長期挨餓，但我見到他們時，他們非常開心。這是因為受惠於英國政府的援助計畫，當地興建了一間新學校，可以造福他們的孩子。但還是有一個問題：衣索比亞政府只能負擔一名教師的費用，而這意味著這間學校只開一班，將有約80名學生。那些家長自豪地告訴我，家長協會集合微薄的資源，額外聘請了一名教師，以便他們的孩子可以獲得更好的教育。

父母決心給予自己的孩子最好的人生開端是普世現象。在較為富裕的國家，這種決心促使家長之間激烈競爭，盡可能把孩子送進最好的學校，此外也可能為孩子

聘請私人家教，希望提高他們考試成功的機會。在較為貧窮的國家，這種決心往往促使家庭承受巨大的物質犧牲，以便送孩子上學。在所有國家，教育的價值反映在兩方面上：個人因為接受教育而得益，以及整個社會因為成員普遍受過教育而得益。

　　每一個社會都將教育納入社會契約作為一個核心部分。幾乎所有社會的教育投資，都集中在6歲左右至20歲出頭的年輕人身上，但我們現在知道，兒童的學業表現受6歲之前的多種因素顯著影響，包括營養、心智刺激，以及父母投入照顧孩子的程度。與此同時，隨著人們的工作壽命越來越長，而且一生中經歷的工作越來越多樣，如果勞工要在經濟演變的過程中保持有用的技能，投資在成年人的教育上也將是必要的。這對教育方面的社會契約有何涵義？

教育為何如此有價值？

　　教育可以達至許多目標，包括確保兒童能有健康的身體、認知和情感發展；將我們塑造成有共同價值觀的公民；以及幫助個人發現自己的才能，找到對世界作出貢獻的方式。就社會契約而言，教育還發揮培養未來勞動力的關鍵經濟作用，也就是幫助我們掌握必要的技能，以便投入勞動市場、發揮生產力，進而為社會作出貢獻。

　　過去五十年間，教育的經濟效益顯而易見。在此期間，世界各國在普及中小學教育這件事上取得巨大進展。

雖然全球目前仍有約6,000萬名兒童失學,主要是在非洲和南亞,但幾乎所有地方都已經普及了免費的初等教育。[1]此外,目前全球每五名兒童就有四個會上初級中學。

事實上,許多開發中國家已經迎頭趕上,它們的教育發展速度超過了當今先進經濟體過去的表現。例如截至2010年,孟加拉一般勞工受教育的年數,超過了法國1975年時的一般勞工。美國花了40年,才將女孩入學率從57%提升至88%,而摩洛哥只用了11年就做到了。[2]因此,到了2008年,一般低收入國家的小學入學率,幾乎與典型的高收入國家一樣。

高等教育的情況略有不同,這個類別的學校包括大學、學院、技術培訓機構和職業學校。高等教育的擴張速度比較慢,目前全球約有2億名學生在學,各國之間的差異很大:巴西、中國和墨西哥之類的中等收入國家,約有10～20%的成年人接受高等教育;高收入國家的入學率顯著較高,比較低的奧地利也有30%,英國42%,美國44%,加拿大高達54%。[3]

但總體而言,全球在教育上的投資,已經獲得豐厚的報酬。我們可以根據教育產生的效益(國民因為接受教育而增加的收入)、教育的成本,以及接受教育的年數,計算出教育的年報酬率——概念與銀行儲蓄或股票投資的報酬率相似。經濟學家根據139個國家總共1,120年的數據,計算出每一年的額外教育,帶給接受教育的人約10%的報酬率。[4]這顯著高於美國股市自1957年以來8%的平均年報酬率,標準普爾500指數面世於1957年。[5]

　　不過，這些報酬率其實低估了教育的實際好處，因為它們僅考慮個人因為受教育而增加的收入，忽略了可能巨大的較廣泛社會效益。例如在英國，投資在大學教育上的每1英鎊帶給個人7英鎊（私人報酬），但帶給國家25英鎊（社會報酬），後者反映在稅收增加、福利支出減少和犯罪減少上。[6]

　　教育帶給個人和社會的報酬因教育等級而異，例如初等教育產生的報酬往往最高，因為其成本低於中等和高等教育。表1列出低、中、高收入國家各等級的教育估計產生的私人和社會報酬率。

　　總體而言，窮國的教育報酬率最高。這並不令人意外，因為正是在這些國家，教育所提供的技能相對稀缺。但是，受過教育的人收入增加，是否可能反映其他因素？例如是否有可能雇主只是以教育程度作為篩選員工的標準，結果收入增加只是因為當事人上過學，而不是因為在學校學到了重要的東西？研究顯示，實情並非

表1　教育的報酬率相當高，尤其是小學和窮國的教育

低、中、高收入國家各等級的教育估計產生的報酬率

國家的人均收入級別	私人			社會		
	初等	中等	高等	初等	中等	高等
低	25.4	18.7	26.8	22.1	18.1	13.2
中等	24.5	17.7	20.2	17.1	12.8	11.4
高	28.4	13.2	12.8	15.8	10.3	9.7
平均	25.4	15.1	15.8	17.5	11.8	10.5

如此——企業雇用和留住受過教育的員工，並非只是因為他們的學歷，而是因為受過教育讓他們擁有較高的生產力。[7]

比較令人意外的是，在高教育程度的勞工比較多的國家，高等教育投資的報酬率並沒有大幅降低。這是因為技術創新創造出更多有利於高教育程度者的工作，而這意味著在多數國家，大學畢業生通常享有的較高工資繼續上升。這種趨勢意味著隨著科技進步，教育程度較高的人往往會賺更多，而這在許多國家助長了不平等。[8]如果我們不在促進教育機會平等方面更有作為，科技進步助長不平等的趨勢只會變本加厲。[9]

但這只是冰山一角。我們面臨科技和人口方面的兩大挑戰，為此不但將必須進一步普及教育，還得改變教育體系的基本形態。除了應該教什麼的問題，我們還必須思考提供教育的時機。

除了必須能解決問題，還得保有彈性

關於教育改革的討論，多數著眼於我們應該教什麼和怎麼教的問題。傳統教育體系往往非常重視死記硬背。教師傳授知識資訊，學生盡力記住，並在各種測驗中證明自己記住了。但現今多數教育學家承認這是浪費時間：現在世界有35億人隨時可以使用智慧型手機和搜尋引擎，可以近乎無限地取得資訊。現在更重要的是過濾資訊、判斷資訊是否可靠，以及對資訊的涵義得出看法的能力，教育應該著重培養孩子這些能力。

在先進經濟體，技術發展也正導致勞動市場兩極化：一方面是對「高」技能勞工（例如科學家或數據分析師）和「低」技能勞工（例如看護人員）的需求增加，另一方面是要求中等技能的工作（例如許多工廠或文職工作）正在消失。開發中國家的情況比較複雜——各國對高技能的需求都在增加，但對中低技能的需求各有不同，具體情況取決於自動化與全球化這兩種力量的拉扯。[10]不過，所有國家，無論是先進國家還是開發中國家，都存在這種情況：中短期而言，認知技能，例如想出新方法解決問題的能力，在勞動市場可以獲得豐厚的報酬。在丹麥、法國、德國、斯洛伐克、西班牙和瑞士等國家，擅長解決複雜問題往往可以提高收入10～20%。[11]

同樣不可否認的是，人口老化將導致新世代必須大幅延長工作壽命，以及一生中多次換工作。現在的成年人或許可以仰賴他們在十幾歲和二十幾歲時學到的東西，度過40年的工作生涯。一旦工作生涯延長至60年，這會變得幾乎不可能。現在出生於先進經濟體的孩子，活到100歲的可能性大於活不到。[12]活到100歲，相當於活在世上873,000個小時。如果掌握一項新技能需要約1萬小時，那麼在人類普遍長壽的時代，一個人一生中多次掌握新技能是可行的。[13]

而實際上，人們將必須這麼做。我們已經看到證據顯示，許多國家的勞工如今更頻繁地換工作。在先進經濟體，以做一份工作多長時間衡量的平均工作穩定性已經有所降低。[14]這對（沒有高中學歷的）低技能勞工造

成最不利的影響。也有證據顯示，就業不足的情況正在增加，也就是越來越多人希望全職工作，但只能做非全職工作。這種情況在飯店、餐飲等服務業最常見：雇主普遍雇用時薪勞工以因應需求的變化。就業不足對低技能勞工、年輕人和女性的負面影響最大。

因此，工作壽命延長不但要求勞工不時重新掌握技能，還意味著職涯結構將大大改變。我經常告訴學生，不要把職業生涯想成像爬梯子，應該想成像爬樹。也就是說，他們要去到職涯的新層級，往往必須水平移動，也就是繞一些路，而他們可以因此看到有趣的新景觀。教育越來越需要使人們有能力「爬樹」，探索新機會和追隨自己的好奇心。他們也必須學會從樹上下來，不是突然從樹頂跳到地上（斷然完全退休），而是隨著年齡增長，藉由擔當責任減輕的各種角色，慢慢爬下來。

考慮到這些不同的因素：一方面是對認知技能的需求迅速增加，另一方面是迫在眉睫的新現實，即工作將會改變，工作的穩定性正在降低，我們需要的是一個更有彈性的教育體系。它不但必須授予孩子知識和技能，還必須使他們掌握獲取知識和技能的能力。它必須為受教育者提供更多重新出發的機會，使他們在工作生涯的各個階段有機會重新掌握技能。事實證明，提供這種教育的關鍵在於時機。

當然，最好的教育向來都是著眼於學習如何學習。借用英國伊頓公學 1845–72 年間的校長威廉・柯瑞（William Cory）略顯老派的話，那就是：「在學校，你

與其說是在獲取知識,不如說是在批評下作心智上的努力。」[15]正是這些心智努力,使你有能力在餘生獲取知識。對教師而言,「在批評下」意味著「從講臺上的哲人變成學生身邊的嚮導」——這是現今教育界的說法。這種做法的好處,是它使學生逐漸變得有可能把握一生中不時出現的學習機會,持續更新自己的知識和技能。

但很少人意識到,這種學習能力確立於人生很早的階段。大腦的結構在人5歲之前就已經形成,5歲之前是發展如今越來越重要的認知和社會行為技能的最重要階段。錯過這個機會窗口,對成年後的學習能力有負面影響。因為學習是累積的,人生早期打下比較堅實的基礎,日後就可以在這個基礎上建立更多東西——這會放大早期教育的效益,當然也會放大早期教育不足的損害。這正是為什麼早期教育也是弱勢家庭的孩子獲得平等機會的最好機會。

圖6呈現若干國家的教育支出現況,我們可以看到,這些國家的教育投資主要放在小學和中學階段,兩者加起來約為其他階段教育投資的五倍。在許多國家,高等教育獲得大量資金投入,但受益的人口比例較低。情況很清楚:學前教育和成人教育(橫條最左方和最右方)得到的資金遠低於其他階段的教育,但兩者正是我們目前和未來更有需要的教育。這種情況正是我們必須改變的。

圖6　各國花最多錢在初等和中等教育上

各級別的教育開支對GDP的百分比

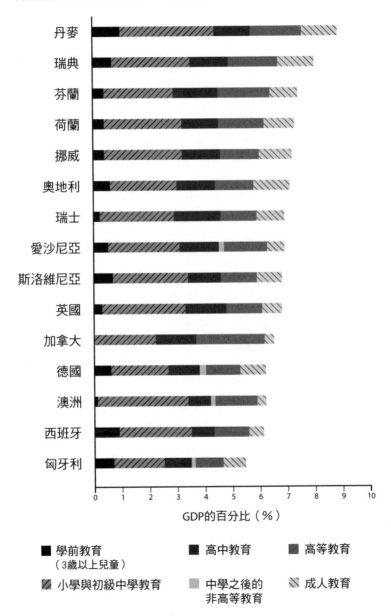

GDP的百分比（%）

- ■ 學前教育
  （3歲以上兒童）
- ▨ 小學與初級中學教育
- ■ 高中教育
- ▨ 中學之後的
  非高等教育
- ▨ 高等教育
- ▨ 成人教育

幼兒時期至為重要

最近的研究顯示，出生後頭一千日對孩子的認知發展和學習能力至為重要。學習的基礎正是在3歲之前的這段時期奠定的，期間孩子的大腦發育很受營養、心智刺激，以及群性與情感發展影響。大量研究證明了這段時期的重要性，這些研究著眼於出生後被剝奪了一些機會的孩子，例如在孤兒院長大的兒童，他們享有的機會不如那些在正常家庭長大的孩子。[16]

在身體、認知、語言或群性與情感發展方面落後的兒童，更有可能在學校表現落後、留級和輟學、一生受健康問題困擾、從事高風險行為，以及成年後工資較低。及早介入兒童的發展，已證實對孩子在健康、教育和經濟方面的表現有持久的助益。[17]但是，世界各國在這方面的努力相當參差，可能是因為在許多社會，促進兒童的發展被視為家庭的責任，並不是社會契約的一部分。（正如我們稍後將看到，這一點也必須改變。）

及早介入的效益，在開發中國家至為明顯；在這些國家，30％的5歲以下兒童身體發育不良，未能達到同齡者的正常身高，通常是因為長期營養不良。[18]這些孩子的學業成績和認知能力更有可能比較差。[19]換句話說，許多孩子在正式上學時，已經因為大腦發育受損和技能不佳而落入弱勢，而這意味著他們即使進入一間好學校，也無法充分受惠於所接受的教育。而因為大腦的可塑性隨著年齡增長而降低，這些孩子很難迎頭趕

上——這意味著最初的學習差異，往往隨著時間的推移而擴大。兒童早期發展不佳影響當事人終身，對國家的經濟和社會發展也有長期的負面影響。

全球最受重視的醫學期刊之一的《刺胳針》（*The Lancet*），曾刊出關於兒童發展的一系列重要文章，提出及早介入兒童發展的理由。[20]這些研究指出，全球超過2億名5歲以下的兒童沒有達到他們的發展潛力，主要是因為身體發育不良、缺碘缺鐵，以及認知刺激不足。這些問題有時因為母親抑鬱、接觸暴力、環境汙染和瘧疾而加劇。

但這些不利因素是可以克服的。我們需要的是重點援助最弱勢群體的優質計畫，為兒童和家庭提供直接的學習體驗，幫助他們認識健康、營養和教育方面的問題。例如厄瓜多、墨西哥和尼加拉瓜等國家，就為非常貧困的家庭提供現金給付、產前照護和育兒支援，因此減少了孩子發育不良的情況，並且改善了兒童的認知發展。在這些類型的計畫中，照顧者受惠於多方面的輔導，包括正向教養（positive discipline）、藉由講故事或唱歌之類的活動刺激孩子的心智，以及處理育兒的壓力。這種支援可以藉由家訪、社區聚會和健康檢查提供，已經證實對孩子的身體與認知發展和健康大有好處。這種介入行動的報酬率取決於許多因素，包括相關計畫的重點、接觸時間和品質，每花費1美元產生的效益介於6美元至17美元之間。[21]站在孩子的立場，這攸關他們能否享有不錯的人生開端。

　　而且這種好處可以持續一生。在另一項開創性的研究中，牙買加一些貧困家庭的幼兒獲社區衛生人員每週探訪，每次一小時，持續兩年。探訪期間，社區衛生人員鼓勵媽媽與孩子互動和玩耍，以幫助孩子發展認知和性格技能。[22] 二十年後，研究人員訪問這些孩子，發現他們的收入比並未受惠於這種探訪的對照組孩子高42％。由此可見，幼兒時期相對簡單的介入，有望克服人生初期的不利因素，大幅提高孩子未來的收入。

　　先進經濟體的研究也發現，早期教育大有好處。[23] 美國一項研究評估一個學前支援計畫的作用，該計畫為芝加哥舊城區的弱勢家庭，提供可能長達6年的支援。25年之後的評估顯示，相對於沒有參加該計畫的孩子，受惠於該計畫的孩子的教育程度、收入、社會經濟地位和獲得健康保險的情況都比較好。他們的犯罪率和藥物濫用率也比較低。受惠最多的是男性和父母未完成中學教育的孩子。[24]

　　儘管大量證據顯示早期教育效益巨大，多數國家在這方面仍然投資不足。全球3～6歲的兒童，只有一半能夠接受學前教育，在低收入國家更是只有五分之一。[25] 2012年，北美和西歐僅將8.8％的教育經費花在學前教育上；在撒哈拉以南非洲地區，該比例更是只有0.3％。[26] 在拉丁美洲，政府花在6～11歲兒童上的支出，是花在6歲以下兒童上的三倍。確實投入資源的國家往往著眼於學前教育，但這未能惠及未達學前教育年齡的孩子，而這些孩子在認知發展方面卻是最需要幫助的。先進經濟體的學前教

育入學率往往高一些，但相關支出差別很大——冰島和瑞典等國家的投資超過GDP的1.5％，約三倍於美國、日本和土耳其等國家。[27]

為什麼早期教育投資不足是常態？原因之一是許多人仍不知道或不懂得重視及早介入的高效益，又或者不明白為什麼這些效益未來很可能變得更重要。與此同時，由於人們普遍假定早期教育是家庭而非政府的責任，這個問題對從政者來說如同不存在。經費有限往往也是一個問題，而初等和中等教育的現行提供者可以合理地要求政府提供資源。最後，優質的早期教育涉及衛生、營養和教育領域，該由哪個政府部門負責或從哪個領域取得經費並不明確。

不過，認清這一點很重要：劣質的早期教育不如沒有早期教育。在肯亞，有項針對3～6歲兒童的計畫非常重視學業，甚至強迫孩子參加考試。在秘魯，因為照顧者訓練不足，有項早期教育計畫在照顧孩子和營養方面做得不錯，但未能改善孩子的語言或動作發展。[28]好好照顧3歲以下的孩子，也可能涉及高昂的成本，因為工作人員對孩子的人數比例必須夠高。在這種情況下，以及當資源有限時，幫助父母改善在家育兒的技能可能比較划算。不過，從衣索比亞到美國，許多國家的優質計畫通常是在孩子出生後頭一千日集中支援父母，然後提供日間托兒服務，並為3～6歲的兒童提供學前教育，結果大大改善了孩子的語言、認知、動作和社會情感技能（socio-emotional skills）發展，為日後接受教育和投入職

場奠定穩固的基礎。

　　總而言之，投資在幼兒身上是培養優質勞動力最划算的方法之一；這種勞動力受過教育，有能力掌握新技能。它也有助培養出比較不需要社會救助、比較不會犯罪和更可能對社會作出貢獻（包括因為收入較高而貢獻較多稅收）的公民。而因為及早介入兒童發展的成本，遠低於若不這麼做就必須提供的補救教育和福利救濟的成本，投資在幼兒身上也可以說是使弱勢家庭的孩子獲得平等機會的最好方法。

長壽使人更需要成人教育

　　每年在倫敦政經學院的畢業典禮上，我都頒授數千個學位給畢業生，偶爾會遇到年齡比我大的學生。這些年長的畢業生使我特別得意，因為他們站在重新定義社會契約的最前線。他們在自己年紀較大的時候積極接受教育，在這個職業生涯越來越長和多變的世界裡，為自己在職業和個人發展方面創造了新的可能性。

　　終身學習已經成為熱門話題數十年之久，但多數國家在這方面的經驗相當參差。現在是許多人的職業生涯將長達50～60年、技術快速變化將改變工作性質的年代，成年後繼續學習因此已經變成社會契約必要的一部分，不再只是「最好是有」（nice to have）的選項。傳統教育的許多瓶頸和障礙，例如考試以及在學生還很小的時候，就把他們分流到不同的發展道路上，導致許多人被擋在某些職業之外，當中很多人希望有第二次機會。[29]

此外，一些成年人藉由接受教育，追求自己的興趣和提升生活品質。為了滿足這些需求，教育體系必須變得更容易進出、更靈活，以及更照顧成年學習者的需求，而他們將必須找到新方法解決終身學習的資金需求。那麼，提供這種教育的最好方式是什麼？

成人教育與年輕人的教育有著重要的不同。[30]事實上，在英文中，成人教育的專有名詞是「andragogy」，意思為「引導成年人」，而一般教育的專有名詞則是「pedagogy」，意思為「引導兒童」。[31]首先，成人的大腦學習新東西的效率不如兒童的大腦——5歲的孩子通常可以輕鬆學會一種新語言，50歲的人往往難得多。成年人也必須克服許多其他挑戰，包括工作、家庭和育兒問題，以及因為花時間進修而損失收入的問題。但成年人也有他們的經驗，而這些經驗對他們和同學的學習可能有幫助（也可能幫倒忙）。

就兒童和青少年的教育而言，教師與學生維持一種階級關係是常態，而課程是非常有組織的，以便以順序的方式培養技能。相對之下，成年人在合作的環境下，以平等夥伴的身分一起努力，通常表現得最好；他們藉由主動參與和解決問題，可以學習得比較好。他們甚至比年輕人更需要內在的學習動力，而且傾向專注於與他們的目標有關的東西。

此外，年輕人的教育通常由學校或學院提供，成年人則可以在更多類型的機構學習和發展技能。事實上，在多數國家，大部分的成人培訓是雇主提供的，其次是

擴充教育或社區學院、技術和職業學校、私人培訓機構、大學和工會之類的機構。越來越多成年人如今也求助於正規或非正規的線上教育供應商，而許多教育機構現在也透過網路提供培訓。

這並不是壞事。雇主提供的培訓往往最有效，因為它通常非常符合勞動市場的需求。雇主希望雇用和留住最好的員工，而且出於自身的利益，會想做好員工培訓，以滿足業務需求和提升生產力。企業也會致力確保它們在培訓方面的投資符合成本效益。但是，提供培訓也會使員工變得對競爭對手更有價值，雇主會擔心自己培養的人才被對手挖走，而這可能導致雇主在培訓方面投資不足。例如在技能短缺的領域，譬如電腦和資訊科技，最近受過培訓的員工可能會因為受到誘惑而跳槽。

另一方面，教育機構提供的培訓，例如擴充教育和社區學院、職業訓練學校和各種商業機構提供的培訓，品質參差得多，當中有些可能非常糟糕。世界各地有許多劣質培訓機構的例子，它們的名字可能非常堂皇，例如叫做「全球科技學院」（Global Technology Institute），向不知情的學生收取高昂的費用，但課程品質很差。成年學習者面臨的挑戰，是評估可以選擇的課程的品質，以及課程對自身事業發展的意義。這是與雇主關係最密切的課程往往最有效的另一個原因。

不過，因為新技術使得學習機會暴增，培訓在世界各地變得更容易取得和更具成本效益。大規模的線上課程、YouTube上的教學影片、TED演講和線上大學課

程，已經顯著促進了知識的全球普及。有趣的是，遠距學習的最大市場是在印度、中國和巴西等國家，當地學生利用這種方式，能夠以可負擔的成本獲得世界級的教育。[32]利用這種線上學習方式的人如今數以百萬計，雖然大規模課程的完成率多數低於10％。[33]線上課程如果有共同的開始日期、同學群體和較強的社群感，可以比較成功地幫助學生堅持學習並獲得證書。這是因為無論線上教學可以如何有效地傳遞資訊，如果學習者沒有能力吸收和內化知識，沒有機制可以實際運用學到的東西和認證學習成就，這種教育就會變得沒那麼有用，其作用也會難以持久。

不過，整體而言，成人學習是有效的。一些嚴謹的研究評估成人學習對就業前景的作用，證實了成人學習大有好處。最近一項研究綜合對857個勞工再培訓計畫的207項評估，這些計畫被稱為「積極勞動市場計畫」。[34]該研究的一大發現是：這種計畫的作用短期而言（1～2年）往往很小，但長期而言（2年之後）可以顯著改善參加者的就業情況。本書第5章將進一步討論培訓可以如何幫助勞工重新掌握技能，以應付失業、科技發展擾亂勞動市場和漫長的職涯中必須不時換工作的問題。

成人教育的一大挑戰，是促使需要這種教育的人參與其中。矛盾的是，參與成人學習的人往往比較年輕、教育程度較高、經濟條件較好，因此其實最不需要成人教育。這主要是因為這些人以前接受教育的經驗相當

好,因此日後有意願、也有能力接受成人教育。可以從成人教育中得益最多的是年紀較大、教育程度較低的勞工,但他們比較可能缺乏參與成人學習所需要的信心和能力。不大合理的是,接受成人培訓最少的是沒有技能的勞工;雇主往往集中資源培養技能較好的員工。在先進經濟體,每五個成年人只有兩人每年有機會接受教育或培訓,而低技能者參與這種學習的機率,更是只有整體水準的三分之一。[35] 從事低技能工作的勞工,獲得雇主提供培訓的機會最少,尤其是如果他們在中小型企業工作的話。

這樣的問題對技能過時或工作可能被機器取代的勞工尤其棘手,例如餐旅業員工和資料輸入員、銷售代表和祕書、司機以及製造業和倉儲業的勞工。他們的技能很可能將會失去價值,但他們接受培訓的可能性卻是最低。[36] 我們最好是在這些勞工失業之前,就找到他們並支持他們掌握新技能。有些國家和公司在這方面做得很好(第5章將談到),但多數國家和公司做得不好。

我們已經探究教育體系為何需要調整,以加強早期教育和終身學習,我們也已經看過,有許多有效的方法可以提供我們需要的教育,但還有一個大問題我們還沒討論。

誰來買單?

在幾乎所有國家,人們普遍認為,小學和中學教育應該是普及和免費的,但一如前文指出,傳統觀念認為

早期教育是家庭的責任。考慮到最近的研究證實,早期教育可以產生廣泛的社會效益、這種教育有助促進機會平等,以及提供這種教育的成本相對較低,早期教育無疑大有理由獲得國家更多支持。社會契約納入早期教育作為一項要素,至少支援最貧困家庭這方面的需求,在經濟和社會方面都有重要意義。

另一方面,高等教育和成人教育該由誰出錢的問題就複雜得多。國家受惠於這些教育使勞工生產力提升、因為收入增加而貢獻更多稅收,以及在社會福利、醫療和治安方面減輕國家的負擔。但是,高等教育和成人教育的成本可能相當高,而且個人的得益比社會的得益來得明顯。此外,接受成人教育的人,可望因此獲得更高的工資;由此看來,他們理應分擔這種教育的成本。另一方面,雇主也受惠於員工獲得更多培訓,因此或許應該承擔成人教育的成本。但是,正如前面段落指出,如果雇主擔心投資在培訓上的結果是員工跳槽以追求更好的前途,雇主就很可能不大願意這麼做。考慮到這些複雜的因素,成人教育相對較高的成本,顯然必須以某種方式由個人、雇主和社會分擔。[37]

同樣複雜的問題:成人教育的供應和資金來源非常分散,涉及個人、雇主、工會、私人培訓機構和政府,也使我們很難評估資金需求和資金來源。圖7呈現部分先進經濟體25歲以上成人(不包括正接受高等教育者)的教育資金來源。

這些國家在成人學習方面的支出平均僅為GDP的

圖7　成人學習有多種資金來源

成人學習的資金來源情況

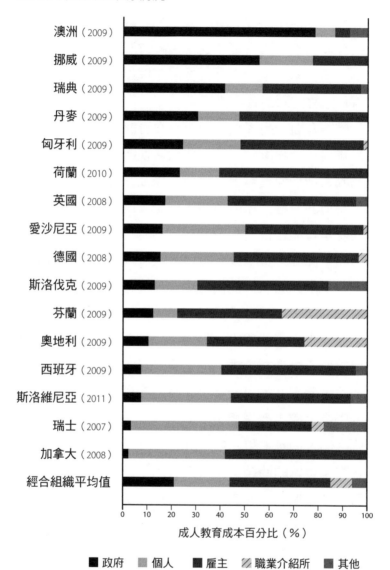

成人教育成本百分比（%）

■ 政府　▨ 個人　■ 雇主　▨ 職業介紹所　■ 其他

0.9％，初等教育為2.6％，高中1.3％，高等教育1.6％。
成人學習方面，成本由公部門支付的比例差異很大（加
拿大僅2％，澳洲高達78％），但在多數地方，政府承
擔的比例最低（平均22.1％），其次是個人（24.7％），
承擔最多的是雇主（44.7％）。在開發中國家，成人學
習的總支出和政府對此的支持都很可能少得多，因為這
些國家最重視的是普及初等和中等教育，而且較少雇主
投資在培訓上。

　　各國以各種機制促進成人學習，但基本上都是圍繞
著補貼企業和個人。許多國家提供租稅獎勵鼓勵企業培
訓員工。[38]一些國家（德國、奧地利、新加坡、北歐諸
國）正引進鼓勵培訓的稅額抵減，類似鼓勵研發的稅額
抵減，視培訓支出為人力資本投資，使提供培訓的公司
得以減少納稅額。一些國家（例如美國和英國）以優
惠條件向個人提供貸款，或針對學生貸款資格不設年
齡限制。許多國家也對雇主課稅（相當於工資的0.1～
2.5％），用來支付雇主提供培訓的費用。為了鼓勵受過
培訓的員工留下來，雇主通常規定，受過培訓之後某段
時間之內離職的員工，必須償還培訓費用。在新加坡，
政府現在承擔雇主為40歲以上員工提供再培訓的90％費
用，並支付員工接受再培訓期間的部分工資。

　　說服企業提升員工技能終究是最合理的做法，因為
有關職業培訓的研究一再發現，以雇主為基礎的培訓最
有效，但雇主培訓員工的意願是有限度的。為了鼓勵雇
主加強員工培訓至盡可能造福社會的程度，我們必須提

供許多額外的誘因,在勞工較常換工作的領域更是這樣,例如科技或護理。針對來自弱勢群體和服務於中小企業的勞工,提供誘因鼓勵培訓的理由特別強;中小企業往往因為規模不夠大,無法自行培訓員工。[39]

非常重要的是,激勵措施應該直接針對成人學習者和未來雇主的具體需求。因此,一些普遍的做法,例如僅根據受訓人數提供資助,實際上未能達到必要的目的。我在尼泊爾就曾參訪一項成功的營建工人培訓計畫:提供培訓的私營機構在學生入學時獲得三分之一的費用,在學生找到工作時再獲得三分之一的費用,在他們工作滿一年時獲得最後的三分之一費用。另一方面,愛沙尼亞根據表現分配資金,考慮的因素包括培訓課程的退學率、培訓的品質,以及培訓與企業界的需求契合程度。在美國,超過一百家培訓機構和大學設有收入分享協議,也就是學生免費接受培訓,但承諾把未來收入的某個比例支付培訓機構。[40]

一些國家,例如英國和新加坡,已經試行成人教育券計畫,每一名公民都獲得只能用於成人學習的教育券。例如新加坡的FutureLearn計畫,每年發給每個新加坡人500美元,可用來接受培訓,而且這些錢可以累積。但是,在英國和新加坡,這種計畫都出現詐欺問題。腐敗或冒充的培訓機構,招收不知情的學生,兌現他們的教育券,但根本不提供培訓或僅提供很少培訓。目前新加坡仍堅持推行這種政策,同時對培訓機構實行更嚴格的監理。不過,這些實驗涉及的總資金相當有

限，民眾實際上可以獲得的新技能（而非新愛好），因
此也很有限。

一種比較公平的制度

現行教育資助制度非常不平等，因為留在教育體系
中最久的人，獲得政府最多資助。例如在法國，從學前
教育到大學，2018年時一名20歲的公民，平均獲得政府
約12萬歐元的教育投資。[41]但16歲時就離開教育體系的
人，只獲得6.5萬至7萬歐元的教育投資，而上頂尖大學
的人卻得到20萬至30萬歐元的公共補貼。對下一代的
教育投資的這種差異，往往加劇既有的機會不平等。那
麼，一種比較公平的制度會是怎樣的？

方案之一是為每一名年滿18歲的公民提供終身學習
補助。在英國，這筆補助或許可設定為4萬英鎊左右，
美國則是約5萬美元。這可以是一筆補助金或貸款，可
用來上大學或在政府監理和認證的機構接受職業訓練。
社會藉此投資於年輕人，使他們有辦法取得資格滿足一
生的需求。如果以貸款的形式提供，貸款利率可設定為
政府的借款利率，因為這是國家對人力資本的投資，有
助增加未來的稅收。[42]如此一來，年輕人就不會在畢業
時背負重債，而是成年時就獲得政府補助，有能力投資
在自己的就業能力上。

事實是：未來多數人將必須在人生的不同階段獲得
更多教育，以便在顯著延長的職業生涯中獲得更好的發
展。這種教育的提供者將會更多樣，包括大學、擴充教

育和職業訓練機構、線上課程提供者、商業培訓機構和這些機構的各種組合，而且最好是與雇主密切相關。這些機構將必須適應未來的新世界，提供可以跨機構長期累積的教育學分。這將使個人得以靈活地取得正式的資格。這種教育也必須提供更多在職課程，必須加強線上教學（結合實體教學），而且時間安排必須夠靈活，以配合成人學習者的需求。教育認證也必須適當發展，提供線上證書、「奈米」（nano）學位、「微型碩士」（mini-masters）和各種職業資格。

為了成就這種變革，所有人（個人、雇主和培訓機構）都必須更好地了解當前和未來的勞動市場趨勢。勞工必須知道，如果他們不接受再培訓，未來將面臨怎樣的境況。除了擴大對早期教育的支持，政府必須建立激勵機制和捐贈機制，以增加目前未能滿足需求的教育支出。個人將必須獲得支援，包括職業建議、關於未來就業趨勢和哪些培訓機構對他們最有幫助的資訊，以便順利度過漫長職涯中的種種轉變。雇主將必須認識到，在快速變化的職場，適應能力比經驗更重要。雇主應該更關心勞工未來能做什麼，而不是他們過去做了什麼。這些類型的教育機會，將幫助公民做好準備適應新現實，提供這些機會必須成為新社會契約的核心要務。

4

醫療

健康是決定我們是否幸福的最重要因素。在世界各地所有關於幸福的重要研究中，身體和心理健康（在學術研究中稱為主觀幸福感）都是最重要的因素。歸根結柢，這正是為什麼每一個社會都渴望為其成員提供健康照護服務。因為大量人口集合資源可以降低健康照護的成本，而且健康的勞動力有利於經濟，每一個社會的社會契約都以某種形式納入健康照護。

雖然在許多國家，大眾支持健康照護方面的支出，但這方面的社會契約在各地都正遭受壓力。這現象背後的兩大力量是人口老化和科技發展。人類的壽命顯著延長，而人年老時需要更多健康照護。與此同時，技術創新造就新的藥物、醫療器材和治療方法，延長了人類的壽命，也改善了生活品質，但成本往往高昂。現在多數人都期望自己步入老年之後，可以維持活躍和自主的生活很長一段時間。如何滿足這些不斷提高的期望，同時

維持普及和公平的健康照護服務，照顧好最需要這種服務的人，是我們這個時代最大的政策挑戰之一。

每一個衛生體系中的社會契約所面臨的主要問題包括：社會負擔得起為每一個人提供多少健康照護？是否應該提供最低限度的保障？若是，我們如何決定基本保障的內容？個人、家庭、雇主和政府，應該如何分擔健康照護的成本？關於健康的抉擇應該留給個人決定，抑或在涉及廣泛公共利益時，社會應該有一定的決定權？

界定全民健康照護的最低標準

幾乎每一個國家都希望為公民提供基本程度的可負擔優質健康照護，但在現實中，這種服務的範圍差異很大，實際內容取決於政府能夠（或選擇）承擔什麼。世界衛生組織提出了它認為普及的基本健康照護應包含的內容，包括產前照護、傳染病（如肺炎和結核病）的預防和治療、預防瘧疾的蚊帳、心血管疾病的治療、醫院和醫務人員的服務，以及必要的藥物。[1]多數開發中國家已經採用這個定義。另一方面，英國的國民醫療服務體系（NHS）則致力為所有公民提供基本免費的醫療服務，照顧國民「從搖籃到墳墓」的需求。

世界衛生組織建議各國政府投入約5％的GDP來提供它建議的全民基本健康照護，[2]而多數國家現正增加醫療支出，但低收入國家除外──它們的人口正快速增加，目前仍依賴國際援助來滿足國民的基本醫療需求。各國的人均醫療支出差異很大──高收入國家高達

2,937美元，低收入國家只有41美元。[3]

　　醫療支出很大一部分花在工作人員身上，而世界各地都面臨醫務人員不足的問題。國際勞工組織估計，要解決當前的醫務人力不足問題，全球需要增加1,030萬名醫務人員，其中亞洲需要710萬人，非洲需要280萬人。[4]許多來自開發中國家的高技能醫務人員移民到先進經濟體，因為這些地方非常需要這種人才，而且薪酬和職業前景更有吸引力。國際社會達成一些協議，希望控制醫務人員的跨境流動，避免損害窮國的醫療服務，但至今效果不彰。[5]全球培養更多醫務人員，並設法利用科技提高他們的生產力，是必要之舉。

醫療服務應該如何提供？

　　在所有國家，部分醫療服務的費用是由私人直接承擔或藉由保險間接承擔。在沒有保險或保險服務並不流行的地方，重大醫療費用往往仰賴多個家庭或整個社區共同承擔。不過，相對於社會契約涵蓋的其他領域，各國政府普遍更積極介入醫療服務，無論是藉由直接提供服務，還是監督管理相關運作。[6]

　　之所以如此，是有若干原因。原因之一是完全訴諸自由市場，在許多方面並不可行。多數病人根本沒有知識針對自己的醫療需求作出知情決定，因此非常仰賴專業醫務人員的建議。但是，這些專業醫務人員往往可以在財務上受惠於他們提供的建議（在私營體系中），或完全不受他們的建議付諸實行的成本影響（在公營或基

於保險的體系中。）

另一個原因是醫療保險必須克服許多困難，最顯而易見的是保險業者為了自身利益，會想排除有病的人以減輕成本。為了鼓勵投保人審慎行事，保險公司利用部分負擔（co-payments）這種安排來幫助控制成本、減少不顧後果的行為，以及鼓勵個人承擔更多責任。[7]

政府介入醫療有第三個重要原因：許多疾病是會傳染的。因此，醫治染病者以防止疾病廣泛傳播，顯然符合公共利益，而可用的防疫手段還包括接種疫苗、分享資訊，以及提供衛生設施和乾淨的水。當然，這些類型的介入，並非只是為了改善個別病人的健康，也是為了盡可能改善整個社會的健康情況。事實上，在公共衛生的脈絡下，國家甚至可能為了較廣泛的利益，犧牲個人的利益或偏好。

冠狀病毒大流行突顯了這個問題：社會何時可以為了公共衛生，正當地限制個人行為？在許多國家，例如許多亞洲國家，人們普遍接受政府為了防疫而顯著限制公民旅行和與親友見面的自由，以及為了防疫實施強制監控措施和要求民眾戴口罩。在其他地方，尤其是美國和歐洲一些國家，民眾抗拒這種限制，而在許多開發中國家，民眾負擔不起遵從此類規定的代價。[8]從這些反應看來，對於社會契約以及個人自由與公共衛生的取捨，不同地方的人可能有非常不同的看法。

在一般的公民參與程度較高的國家（民眾較熱心參與選舉，對制度的信任度較高，以及閱報率較高），民

眾遵循社交疏離措施的情況顯著比較好，公共衛生結果也比較好。一項針對義大利的模擬研究發現，如果義大利的公民參與程度與公民參與程度最高的四分之一國家相同，該國的新型冠狀病毒死亡率可降至實際死亡率的十分之一──這已經是剔除國民所得、人口結構和醫療能力等因素干擾的結果。[9]事實上，基於Google的行動數據、餐廳訂位和消費形態資料的分析發現，許多國家的民眾在政府實施封鎖措施之前，早已自願保持社交距離。[10]

政府未必要成為全民基本醫療服務的提供者；在現實中，各國採用各種不同的做法，而即使在一國之內，不同群體的醫療融資方式，也往往各有不同。有關醫療服務的供給應該如何安排，並沒有單一最佳方案，各種結構都有可能產生良好（或糟糕）的健康結果。[11]多數先進經濟體都有國家資助的醫療體系，提供集體健康保險，或要求民眾購買（受政府嚴格監理的）私營保險，並為窮人提供補貼。在一些國家，例如英國，國家是醫療服務的主要供應者，但在歐洲大陸大部分地方，國家主要是擔當公營和私營醫療服務的資助者。與此同時，在許多新興市場國家，例如中國和印度，窮人由政府資助、有錢人仰賴醫療保險的模式正形成。除此之外，醫療服務也可以靠雇主與雇員共同出資，沒有工作的人則仰賴政府照顧──美國就是這樣。

多數開發中國家仍在建立它們的全民醫療體系。[12]許多國家選擇了一種兩級模式：窮人和在非正式經濟部門謀生的人，仰賴政府管理的公營醫療系統，其成本由

一般稅收支付，有時也多少仰賴家庭出錢；受雇於正式經濟部門的人，則透過薪資稅為基於保險的醫療系統出錢，而有錢人還可以在私營市場購買醫療保險。在最窮的國家，因為國家的能力非常有限，民眾最依賴私營市場提供醫療服務。在一些國家，慈善組織也發揮重要作用，它們通常是與政府和私營部門合作。[13]

大型開發中國家致力建立全民基本醫療服務體系的例子，可在印度找到。該國2018年啟動了一項全國醫療計畫（稱為Ayushman Bharat），包括兩個獨立的部分。第一部分的目標，是在全國建立約15萬個公共衛生和健康中心，提供全面的基本醫療服務，包括免疫接種和傳染病治療等服務。第二部分是全國健康保險計畫，為每個家庭每年提供50萬盧比（約7,000美元）的二級和三級醫療保障，支應心臟病或癌症之類的疾病。該計畫希望照顧印度全國超過5億人的貧困和弱勢群體，是世界上最大完全由政府出資的醫療計畫。

中國也已推出一項基於保險的公共醫療計畫；有趣的是，輔助該計畫的是蓬勃發展的私營市場，而後者往往源自一種比較古老和傳統的做法：過去在中國的農村，村民往往在有人罹患重病時集中資源，幫助病人度過難關。螞蟻集團（阿里巴巴集團的關係企業）藉由建立一個互相保險線上市場，在數位時代延續此一傳統。多數參與者是低收入民眾，而該計畫為醫治100種重病一次支付約45,000美元，費用由所有其他參與者平均分攤。[14]

醫療支出只會不斷增加

　　各國在醫療方面的支出因負擔能力不同而大有差別:印度人均每年僅200美元,中國300美元,歐洲高達3,000～6,000美元(圖8)。經合組織國家平均每人每年花約4,000美元在醫療上。如前所述,高收入國家的醫療支出多數是政府花的,而在中低收入國家,私人花的比例通常高一些。當然,錢花得多與錢花得明智是兩回事。美國的醫療支出遠遠超過所有其他國家(人均每年約11,000美元,相當於GDP的17%),但美國民眾獲得醫療服務的機會並不好。美國人的預期壽命,實際上比其他先進經濟體的平均水準短一年。在許多先進經濟體,民眾的預期壽命近年無法進一步延長,但美國是民眾(尤其是男性)的預期壽命真的降低的唯一國家。[15]

　　不過,雖然各國的醫療支出差異很大,既有證據顯示,有一點是舉世皆然的:所有地方的醫療支出都將不斷增加。2000年至2015年間,經合組織國家的醫療支出年均實質增加3%,2015年至2030年間預計年均實質增加2.7%。[16]此外,目前多數國家醫療支出增加的速度,快於人口和經濟成長的速度。這意味著隨著時間的推移,醫療支出占政府預算的比例越來越高——經合組織國家的醫療支出目前平均占公共支出15%。民眾通常十分支持增加醫療支出,但一些先進經濟體已經很難進一步加稅——在法國和丹麥等國家,國家總稅收已經高達GDP一半左右。多數開發中國家有較大的操作空間,尤

圖8 各國的人均醫療支出差異很大

2018年（或最近一年）的人均醫療支出

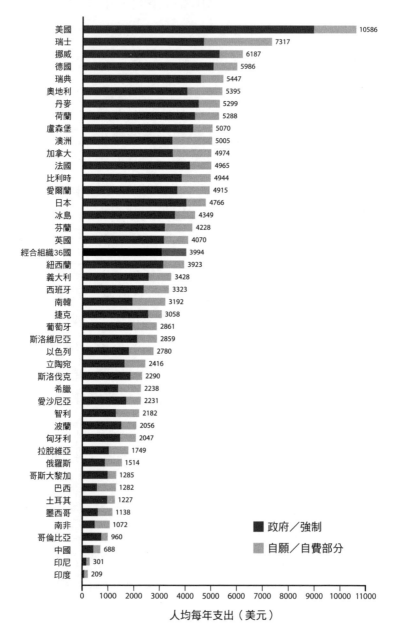

| | 政府／強制 |
| | 自願／自費部分 |

人均每年支出（美元）

其是因為有證據顯示,比較穩定的國家資助,有利於在全民醫療方面取得比較好的表現。[17]我們將討論如何承擔醫療支出的增加,但我們必須先了解醫療支出增加的原因。

多數人認為,醫療支出增加主要是因為人口老化,因此是無可避免的。相對於年輕人,醫療體系確實往往花比較多錢在老年人身上(圖9)。中等收入國家在這方面的問題尤其棘手:它們的人口正迅速老化,醫療負擔從傳染病(如瘧疾或結核病),轉移到治療費用更高的慢性病(如心臟病和癌症)上。人口老化也略微推高了急性照護的成本(因為治療遇到意外的老人通常更花錢),此外將大幅推高長期照護的成本。[18]但是,除了效率極低的美國醫療體系,多數國家花在典型的80歲國民身上的醫療費用,僅為花在典型的20歲國民身上的4~5倍(如圖9顯示),顯著低於許多人的預期。[19]因此,人口老化無法完全解釋醫療支出的快速增加。

在較富裕的國家,本章開頭提到的另外兩個因素至關重要,其一是民眾越來越期望得到品質較高(成本因此也較高)的醫療服務。土耳其、南韓和斯洛伐克等國家的醫療支出料將經歷最大的成長,它們正是民眾期望上升得最快的國家。但醫療支出增加最大的原因是技術發展:新的醫療技術,例如改善健康或延長壽命的藥物或儀器,往往相當昂貴。[20]之所以如此,一方面是因為開發新藥和臨床試驗成本高昂,也因為在創造新醫療技術的產業,競爭往往不強。

圖9　醫療支出隨年齡增長而增加

八個高收入國家按年齡組劃分的人均醫療支出

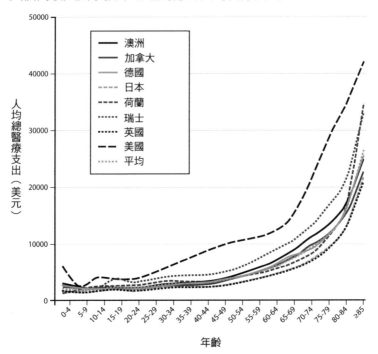

有句話這麼說：「人口就是命運。」它的意思是人口的年齡分布不可能迅速改變，其影響因此無可避免。但是，技術發展推高醫療成本卻絕非無可避免，社會可以選擇資助哪些治療、如何談判藥價和醫療技術的價格、如何提供醫療服務，以及是否採用低成本介入措施，因此控制醫療成本是有可能的。[21] 例如許多國家已經擴大了社區衛生工作者、藥劑師和護士在提供醫療服務方面的角色，因此降低了對成本較高的醫師人力需求，但完全不會損害民眾的健康。使用非專利藥是控制

成本的另一方法。[22] 服務提供者獲得報酬的方式也有巨大的影響——付費可以是基於每項介入措施、對某種疾病的治療、接受治療的個人,或是使人保持健康。[23]

但控制成本的作用是有限的,更具挑戰性的問題,是醫療技術應該如何配給:哪些醫療服務應該納入社會契約加以普及?哪些應該由負擔得起的人承擔費用?

醫療體系應該如何配置資源?

世界上每一個醫療體系,每天都面臨如何達至資源最佳配置的問題。隨著國民所得成長,民眾對醫療服務的需求不斷增加。政府可以花多少錢在醫療上,受限於政府的課稅能力。在由私營部門主導的醫療體系中,個人決定自己花多少錢在醫療上(自掏腰包或利用醫療保險付費),資源配置因此由市場機制決定。換句話說,醫療資源的配置取決於個人的收入和負擔能力。因此,並不令人意外的是,在私營為主的醫療體系中,有錢人比窮人得到更好的醫療照護。在比較重視公平的公共資助體系中,社會契約決定哪些醫療服務由社會支付和服務如何提供,還必須決定是否人人都有權獲得相同的服務,抑或醫療服務應該以其他方式分配——例如優先照顧最有需要的人,或以成本效益作為分配準則。

醫療體系採用的配給機制有多種。[24] 有些採用部分負擔這種安排,要求病人為自己得到的服務支付一些費用,藉此鼓勵他們考慮成本問題,但這種安排往往最不利於窮人。有些體系利用排隊的方式決定誰先得到服

務。如果看個醫生要等幾個星期、做個手術要等很多個月，負擔得起的人很可能就會尋求私營服務。在英國，住院治療的等待時間中位數從2008年的7.6週，延長至2019年的10.1週。在瑞典，雖然法律規定等待時間不得超過90天，但逾20％病人的等待時間超過90天。在這兩個國家，隨著公營醫療服務的等待時間延長，民眾對私營醫療保險的需求顯著增加。[25]利用排隊配置公共資源使收入較低的人得到較多照顧，但窮人也可能因為未能及時得到治療而受害。

國家最終必須決定社會契約納入哪些醫療技術，由社會集體支付相關醫療服務的費用。為此，約三分之二的先進經濟體和越來越多開發中國家，委託獨立的專家評估醫療技術的成本效益。[26]這種評估通常有兩個步驟：首先是針對技術是否有效作醫學評估，然後是評估國家為相關醫療服務付費是否符合公共利益。這種「醫療技術評估」被用來建立國家付費的醫療項目正面清單（例如具體的藥物或介入措施的大類別，譬如基本醫療服務），以及國家不承擔的醫療項目負面清單。醫療技術評估是社會契約在醫療方面的實踐。

我們可以從社會契約排除哪些醫療項目得到很多啟示。成本高昂但治療價值不高的藥物通常會被排除。減肥手術之類的服務也是，因為濫用風險很高。同樣道理，許多國家也排除另類療法、水療和非醫師提供的服務，例如心理治療。牙科服務常遭排除，美容治療也是，例如牙齒矯正或乳房手術。在一些國家，只有異性戀夫婦

才可以獲得生育治療。許多國家不支付多數人負擔得起的治療，例如非處方藥或眼鏡。要求個人承擔這些費用，是假定他們能夠判斷療效，而且負擔得起費用。[27]

決定納入哪些項目是相對複雜的事，必須考慮如何評估成本效益。各國使用不同的標準評估醫療技術的好處，例如是否可以降低死亡風險或減輕病情，或是否有助延長壽命或提升生活品質。此外還要做經濟評估，考慮採用這種技術的直接成本和其他因素，例如潛在效益，比方說可以減少多少病假或提升多少生產力。這些評估可能涉及攸關生死的決定和大量經費，因而可能引起很大的爭議，並吸引商業利益集團和病人團體積極遊說。因此，這些決定交給獨立的專家去做、公開資訊和接受監督，並且審慎處理利益衝突，是非常重要的。

決策者總是必須在一系列的可用技術中作出選擇，例如是要採用一種新藥，還是選擇一種採用新技術的手術？為了做這種決定，決策者必須有某種共同標準來比較它們的相對效力。最廣泛使用的其中一項指標，是每增加一個單位的成本可以帶來的品質校正存活年數（QALY），1 QALY基本上就是健康狀況良好的1年。根據這個標準，一種新醫療儀器如果可以增加5 QALY，會比成本相同但只增加0.5 QALY的新藥有價值得多，後者只能使病人延長良好的健康狀況半年。這種考慮成本和QALY的評估方式，使醫療體系得以排出提供服務的先後順序，以最符合成本效益的方式運用公帑，但也有人認為這種評估方式不公平，因為人們的健康可能因個人

境況而異。[28]

那麼,社會應該為多一年的良好健康付多少錢?許多國家不願回答這個問題,因為給出一個具體數字一定會引起爭議,而且當局也擔心新醫療技術的供應者,會利用該數字指導他們的訂價策略。不過,世界衛生組織已經指出,國民人均年所得是評估國家可為多一年的良好健康負擔多大成本的好指標。[29]醫療服務增加 1 QALY 的成本,如果是國民人均年所得的一至三倍,可視為符合成本效益;成本若低於國民人均年所得,可視為非常符合成本效益;成本超過國民人均年所得的三倍,則是不符合成本效益,因此不應該納入社會契約中。[30]

雖然世界衛生組織的建議作為政策指南非常有用,很少國家會明確說出這個重要門檻。不過還是有國家這麼做,例如匈牙利和南韓就表示,國家會資助以國民人均年所得2～3倍的成本,增加一年良好健康的醫療服務。將這個門檻與人均所得連繫有個重要好處:隨著國家越來越富裕,政府有一個明確的標準,可用來決定負擔得起哪些額外的醫療服務。有一些國家則是將這個門檻設為一個簡單的明確數字,例如波蘭是18,000歐元,斯洛伐克為26,500歐元,英國則為2～3萬英鎊。

採用這種明確的標準是透明和公平的做法,有利於善用資源。同樣道理,標準不明確的風險是負責分配資源的人容易受外部力量影響,而且不容易追究責任。即使在英國,雖然負責做此類決定的國家健康與照護卓越研究院(NICE)有明確的評估門檻,政治壓力仍可能

導致資源配置不當。例如癌症病人團體的遊說，導致政府設立癌症藥物基金，為不符合國民醫療服務體系（NHS）成本效益標準的昂貴治療買單。該基金支付的療法為英國癌症病人增加了約5,600年的良好健康，但如果這些錢用來提供符合NHS成本效益標準的其他醫療服務，英國人可以增加21,645年的健康生活。[31]

另一個困難的問題是：關於跨世代的醫療支出分配。有些人認為，每一個人都有權享有（約70年的）「正常」健康壽命；這正是為什麼人們對年輕人的死亡與老年人的死亡往往會有不同的感受。有些人利用這個「公平的健康壽命」概念，為優先照顧年輕人的健康辯解，因為根據這個概念，年輕人比老年人更值得獲得醫療服務，雖然老年人往往必須得到更多照護才可以維持良好的健康。[32]

有個方法可以避免以這種功利的方式比較不同人的生命價值，那就是把醫療資源配置視為針對同一個人在人生不同階段的需求，而不是任何一個時間點不同人之間的資源競爭。如果社會給予我們每一個人固定數量的資源，用來滿足一生的醫療需求，我們多數人很可能會選擇在年輕時，動用比較多資源改善自己的健康和福祉，以提升生活品質和延長壽命，而不是把大部分資源留到晚年時期，用在昂貴的治療上以延長幾個月的壽命。這種一生資源配置的概念，得出的結論與公平健康壽命論相似，但並未暗示年輕人的生命比老年人更有價值，因為它著眼於同一個人的生命，而不是比較不同人

的生命價值。[33]

　　如果這仍使你感到不舒服，我們來看一下英國NHS
與美國聯邦醫療保險（Medicare）在急性照護的配給方
面非常不同的做法，Medicare是美國政府照顧老年人的
醫療保險計畫。[34]1980年代是NHS資源緊張的時期，英
國醫界的應對方法不是降低醫療照護品質，而是基於一
生配給（lifetime rationing）和成本效益原則，利用排隊
的方式限制醫療服務的供應量。[35]在英國，人們普遍認
為有些治療方法即使有益，但因為成本太高昂，政府沒
有理由提供；NHS因此不提供這些治療，即使病人願意
（而且有能力）支付費用——但病人完全可以尋求私營
業者提供這種服務。相對之下，在美國，受Medicare保
障的人被視為已經藉由過去的貢獻，為他們獲得醫療照
護的權利付出代價，醫療服務配給因而是不可接受的，
而成本效益也不重要。因此，在Medicare持續慷慨照顧
老年人的同時，仰賴聯邦醫療補助（Medicaid）的人，
面臨日益嚴格的醫療服務配給；Medicaid是美國政府照
顧窮人的計畫，主要嘉惠低收入的成年人和兒童，但也
為貧困老人的長期照護買單。結果Medicaid花在每一名
老人長期照護上的錢，高達花在每一名貧困兒童健康照
護上的五倍。[36]

善用數位科技改善醫療服務

　　截至目前，我們關注的是技術發展如何推高醫療成
本，我們也應該了解技術創新可以如何幫助降低成本。

　　冠狀病毒大流行迫使已有相關基礎設施的國家，在醫療方面迅速採用數位技術，例如提供醫師線上諮詢服務，使用手機應用程式追蹤接觸者和監測病人。許多此類數位工具本來就在開發中，這次病毒大流行加快了各國採用的速度。對許多比較富裕的國家來說，此類數位解決方案顯然有望幫助當局控制醫療體系不斷上升的成本。對那些仍處於建設醫療體系早期階段的開發中國家來說，這些工具可能造就蛻變。

　　許多開發中國家將永遠無法按照當前流行的模式提供全民醫療照護，也就是無法在訓練有素的醫師監督下，在專門的設施為全民提供醫療服務。數位技術使我們有望建立全新的醫療照護模式，例如病人可以獲得高品質的資訊和控制自己的醫療紀錄，利用人工智慧協助診斷，以及利用機器人做許多手術。[37]

　　現在人們不必花多少錢，就可以在家裡自行測量體溫、血壓和血氧濃度等生命徵象，不必為此前往診所。這對治療糖尿病之類的慢性病特別重要；就這些慢性病而言，居家照護為主的治療方式，比定期前往醫院或診所就診更有效和省錢。目前透過門診醫治的相對簡單的疾病，未來將有越來越多病人透過智慧型手機，在家接受照護，而且可以由身處世上任何地方的醫師或醫療專業人士提供服務。（這種安排或許有助減輕醫務人員為了追求更高收入而移民的壓力。）

　　與此同時，穿戴式裝置將使我們得以遠距監測病人，而這些裝置蒐集的數據將成為病人和專業醫務人員

的重要工具。各數位平台通用的電子紀錄，將造就更加個人化的治療。印度基於用來提供健康保險的生物辨識通用身分系統，已在探索這方面的機會。想像一下，未來每一名醫務人員都配備一個裝置，可以取得病人的健康紀錄，對輸入的關鍵症狀資料作出反應，提供診斷和治療建議，而且可以立即訂購需要的藥物。在盧安達和坦尚尼亞的偏遠地區，無人機已被用來運送疫苗和血液。

醫療體系的一大成本，源自必須長期服藥的病人，有高達30％至50％沒有堅持接受治療。解決這個問題可以減少浪費藥物，降低入院人次，加快康復速度，以及提高病人的生活品質和生產力。[38]在這方面，新技術也可以派上用場。例如我們可以利用手機簡訊或應用程式提醒病人按時服藥、運動和做物理治療。電子藥瓶也可能非常有用，它可以記錄藥瓶被打開的日期和時間，提醒病人按時服藥。

但是，這個數位醫療願景若要實現，社會契約必須有所改變。我們必須回答的最重要問題，很可能是病人的資料該由誰擁有和控制，以及如何保護當事人的隱私。這些問題無可迴避，因為數位化的許多廣泛好處（對研究和公共衛生監測的貢獻），恰恰仰賴數據的彙集和共享。為了開發更好的治療方法而侵犯隱私，現實中已有案例。[39]許多人正在思考如何制定一套準則，確保每一個人都可以控制自己的資料，同時使廣泛的公共利益得以實現。[40]此外，越來越多人意識到，數據造成的演算法偏見必須糾正：目前支撐演算法設計的大部分研

究是針對白人男性做的，這些演算法因此可能不適合用來診斷和治療女性及其他種族的人。

有關如何平衡個人隱私與集體利益，各國很可能會有不同的決定。冠狀病毒大流行期間，許多亞洲國家的公民願意接受政府為了追蹤接觸者而取得個人資料，而在歐洲，民眾傾向支持採用分散的系統以防止政府掌握所有資料。民主國家正形成一種共識，認為公民應該可以控制自己的資料，出於任何廣泛的目的使用個人資料，必須得到當事人同意。但各國的實際做法有很大的差異，情況仍在演變。我們可能必須採用一種做法，針對某些資料（例如罹患被汙名化的疾病）實施較嚴格的保護，而利用顯然具有公共意義的資料（例如得到傳染病）則相對不受限制。

儘管必須克服一些困難，數位醫療真的賦予我們機會，改善醫療服務和降低醫療成本，至少可以使醫師不必再做一些例行公事，例如為病人量血壓或體溫。醫師將能夠專注與病人進行較高品質的人際互動，確保病人配合治療，最終得到更好的結果。這種結合「高科技」和「高互動」的做法，可能正是未來兼顧醫療成本與品質的方法，但無論醫療服務多麼成功和高效，最好的結果將不是來自治療疾病，而是來自預防疾病，這就觸及社會契約的核心。

個人責任與社會責任的平衡

「少量的預防勝於大量的治療」，這句話據稱是富蘭

克林（Benjamin Franklin）說的。大量證據告訴我們，這是至理名言。在先進經濟體，預防醫療措施的平均投資報酬率為14.3％。[41]如果公共衛生措施是全國性的，或有法律支持，投資報酬率就高達27.2％。我們還知道，嬰兒死亡率降低和預期壽命延長，主要是取決於環境、營養、收入和生活方式等因素，醫療體系的影響很小。運用公共資源改善國民的營養、鼓勵健康的行為和及早檢測疾病，無疑是社會可以做的極佳投資。[42]

隨著傳染病因為有效的公共衛生措施而減少，非傳染病如心血管疾病、癌症、呼吸系統疾病和糖尿病，已經成為全球人類的主要死因。[43]這當中許多疾病與吸菸、酗酒和肥胖有關。它們未必影響整體醫療支出，因為吸菸或肥胖的人往往比較短命。[44]儘管如此，諸如此類的不健康行為，仍對醫療體系造成巨大的直接成本，並對個人生活造成非常嚴重的後果。

吸菸造成的全球經濟代價，估計超過1.4兆美元（相當於2012年經濟產出的1.8％），當中1兆美元為生產力的損失，4,220億美元為治療費用。[45]在中高收入國家，喝酒造成的經濟代價約為6,000億美元（相當於2009年經濟產出的1％。）在英國，肥胖每年耗費NHS 51億英鎊，社會承受的廣泛代價則估計超過250億英鎊。吸菸每年耗費NHS 25億英鎊，社會承受的廣泛代價估計超過110億英鎊。喝酒估計使英國社會每年付出約520億英鎊的代價，當中約30億英鎊落在NHS肩上。[46]

這一切都引出一個重要問題：如果我們關心大眾的

健康，是否應該投入更多資源，改善民眾的境況、預防疾病和改變個人行為？如果許多人喝酒、吸菸、不運動、不注意飲食、不吃藥或不看病，結果導致國家必須為他們支付更多醫療費用，而其他國民被迫為此買單，社會不是應該有權利去影響他們的行為嗎？抑或社會甚至有責任介入？例如醫療體系是否應該設法使個人為自身生活方式造成的疾病，承擔部分治療費用？

迫使從事高風險行為的人承擔醫療費用是很棘手的事。首先，界定高風險行為相當困難。吃垃圾食物算嗎？曬日光浴或騎機車算嗎？要求騎機車或玩跳傘的人買保險，以助分擔高風險行為的醫療費用，可能是合理的。[47] 但是，那些從事某些行為導致吸毒成癮或酗酒的人，往往是受制於他們無法控制的情況、遺傳或環境因素。

儘管如此，在社會共同承擔醫療成本的國家，社會契約通常確實要求個人為自己的健康承擔一些責任。在衛生部門之內和之外倡導比較健康的生活方式，被視為社會干預個人行為的一個正當領域。

不過，這種「父權主義」並非人人認同。[48] 有些人認為，根據約翰·彌爾（John Stuart Mill）的論述，真正的自由意味著只要對其他人沒有傷害，當事人不受任何約束。[49] 另一些人，例如約翰·羅爾斯（John Rawls）和阿馬蒂亞·沈恩（Amartya Sen），則認為自由在於能夠自己作主，而不是只能遵從別人為自己做的決定，但這種自主包括接受自己的行為受合理約束以造福所有人的自由。[50] 在此基礎上，自由的個體會接受一些介入措

施，例如針對不健康的產品（如香菸）課稅，立法要求國民遵從某些安全或健康行為（例如繫安全帶、戴頭盔或為了防疫而戴口罩），鼓勵民眾努力保持健康（例如經常做運動的人享有保費優惠），以及藉由社會行銷活動倡導健康行為，因為這些措施對整個社會有利。國家可能必須證明民眾資訊不足（例如不清楚某些產品危害健康），或事情攸關公共利益（例如有助減少犯罪或交通事故），藉此證明國家介入是合理的。[51]

在我看來，社會可以對個人提出的要求是有層次的。遇到傳染病或疾病大流行時，國家強力介入顯然攸關公共利益，政府因此大有理由採取可能凌駕個人偏好的行動。因應冠狀病毒大流行，許多國家實施封城措施、限制旅行和強制要求民眾戴口罩，這些行動是這方面的明顯例子。下一個層次涉及不會傳染但對社會大眾有影響的行為，例如吸菸或肥胖，因為會導致醫療或福利支出增加。在我看來，一個人如果吸菸上癮、被垃圾食物廣告轟炸，或住在買不到新鮮食物或沒有娛樂設施的社區，我們很難說他是「自由」的。我認為，社會至少有權利去支持那些有助改善大眾整體健康的行為，這有時被稱為「改變選擇結構」（人們面臨的誘因），因為社會理應使人人都有公平的機會過健康的生活。

國家要做這件事，有多種方法可用，例如課稅就已證實非常有效。在開發中國家，平均而言，如果政府修改稅法規定，使產品價格上漲10％，可以使菸草消費減少5％，[52] 酒類消費減少6％，[53] 含糖飲料消費減少

12％。[54]一項研究發現，在美國，對含糖飲料課徵每盎司1美分的稅，十年下來可以節省230億美元的醫療照護費用。[55]在英國和墨西哥，研究發現，如果藉由課稅減少肥胖和糖尿病，估計可以得到類似的好處。[56]如果所有國家都提高貨物稅，使菸草、酒類和含糖飲料的價格上漲50％，估計未來50年間，全球可以避免超過5,000萬例過早死亡，同時增加逾20兆美元的稅收。[57]政府也可以付錢誘使民眾作出有利健康的決定，例如在拉丁美洲，現金補助有時會要求受助家庭安排小孩接種疫苗。

鼓勵改變行為的其他類型的介入措施，也可以很好地發揮作用，雖然在貧困社區產生影響總是最難的。有一項計畫已在30個國家為超過100萬人提供服務，目的是幫助人們更好地處理慢性病。參與者參加小組工作坊，學習如何應對疼痛和抑鬱、鍛鍊身體、適當使用藥物、改善營養、評估新療法，以及與照顧他們的人溝通。一項嚴謹的評估發現，相對於沒有參加這些活動的人，參加者較少住院，每次住院時間較短，因此節省的費用相當可觀。[58]戒菸熱線雇用輔導者接聽電話，幫助人們戒菸，在許多國家證實可以有效幫助不同群體的人戒菸，而且成本很低。以學校為基礎的計畫，鼓勵參與者鍛鍊身體和減少攝取熱量，也已證實能以符合成本效益的方式延長健康壽命。[59]

許多國家已經採用「助推」（nudges）措施，鼓勵民眾作出更好的選擇，雖然有關這種措施的效力能否持久的證據相當參差。[60]「助推」通常是以不顯眼和看似

細微的方式，介入當事人的環境或選項呈現的方式，目的是利用人們無意識的偏好和行為模式。最有效的助推很可能是利用預設選項，替人們預先選擇某種可取的行為或選項，而當事人可以要求改變選擇，不提出要求則視同接受預設選項。[61]人類的惰性意味著多數人會接受預設選項，無論那是什麼。因此，在那些預設人們願意捐贈器官的國家，器官捐贈率往往高達不作這種預設的國家的四倍。預設選項也已證實可以有效提高流感疫苗接種率、愛滋病毒檢測率，以及儲蓄或養老金計畫的參與率。這種介入措施應用在只需要改變一次行為的情況（例如接種疫苗）往往比較有效，應用在必須永久改變行為的情況（例如改變飲食或鍛鍊身體的方式）則沒那麼有效。助推措施若輔以法律改革（例如禁止在室內吸菸）和公開宣導活動（例如在菸盒上貼上健康警告標示），通常可以取得最佳效果。

不過，雖然鼓勵比較健康的個人行為很重要，大量的研究顯示，一系列的社會因素更重要。不健康的生活方式與貧困（包括成長時期生活貧困）密切相關。[62]在世上每一個國家，有錢人都比窮人長壽和健康。這反映了一個事實：有錢人有更好的機會達至良好的健康。這些機會源自兒童早期經歷的品質，教育和個人與社群韌性之建立，良好的就業和工作條件，有足夠的收入過健康的生活，生活在健康的環境中，以及圍繞著吸菸和肥胖等問題的公共衛生措施。[63]這六方面的有效介入措施，可以大大降低改善所有人健康的成本。但是，這些

因素都與醫療照護體系的品質無關,而是取決於本書闡述的社會契約的其他方面。

　　本章說明了醫療照護方面的新社會契約或許可以如何設計,其核心是保證所有人享有最低限度的初級照護和公共衛生福利。隨著收入增加,國家將有能力提供越來越多更好的醫療技術。這種進步的成本,可以藉由關注成本效益和公平問題,加上利用數位科技提供更個人化和居家為主的照護來管控。政府也可以利用財政政策和助推措施鼓勵個人改變行為,選擇比較健康的生活方式。但支撐這一切的是整個社會契約,只有這樣才可以確保人人都有機會過健康的生活。

5
工作

柏林圍牆倒下之後,我曾參觀斯洛伐克一家前坦克工廠,它之前是高度整合的蘇聯軍事生產系統的一部分。這家工廠是其所在城鎮的唯一生計,不但為當地人提供工作,還資助當地的幼稚園、運動設施和社區中心。該工廠的工程師想出一套巧妙的計畫,應對共產經濟的崩潰——他們把工廠從生產坦克轉為生產堆高機。該廠工人在工廠門口迎接我和我的世界銀行同事,利用他們新生產的堆高機表演了最特別的芭蕾舞:在古典音樂的伴奏下,堆高機優雅地舉起機械臂旋轉起來。這是一個成功將夕陽工業改造為新產業的罕見案例。[1]

在每一個社會裡,身體健全的男性和越來越多的女性投入工作,以維持自己和家人的生計,並且納稅以支持公共利益。這是我們參與社會契約,為我們的社區和社會作出貢獻的最重要方式。但工作也是自決(self-determination)的一個重要部分,予人一種目的感和自我

價值感。此外，藉由在工作生涯中對社會作出貢獻，我們確保下一代將能像我們一樣受惠於社會支出，而且我們年老時將能再度受惠於社會支出。一如本書第1章指出，福利體制的主要功能，往往不是將資源從有錢人手上轉移到窮人手上（羅賓漢功能），而是幫助人們在自己的生命歷程中，重新分配金錢以滿足不同階段的消費需求，以及提供至為重要的保險保障（儲蓄和互助保險功能）。

蘇聯解體和柏林圍牆倒下是重大事件，影響數以百萬計人口的生活，迫使一整個又一整個的產業和社區調整適應。另一方面，經濟失調經常發生，有時相當突然和戲劇性，有時比較漸進和難辨識，但總是導致一些人失業一段日子。這種情況發生時，社會契約決定了社會如何支援失業者，直到他們恢復工作，再度作出貢獻。

未來多年裡，經濟失調很可能將持續——不僅是因為冠狀病毒大流行及其後果，也因為與數位革命和自動化有關的快速技術變革。對這些失調的焦慮，已經波及許多國家的政治。與此同時，無論是在富裕還是貧窮國家，勞動力都日益多樣化，工作保障則顯著減弱。

這對那些在地理上孤立的行業（如採礦業）工作的人，或生活在由單一製造廠主導的公司市鎮（如本章開頭所講的斯洛伐克城鎮）的人造成特別大的衝擊。現代經濟地理將人才和投資吸引到大城市，導致城市中心與落後社區之間關係緊張。[2]生活在落後社區的人，往往覺得他們被剝奪了成功的機會。蘇聯解體後東歐大部分地區經

歷的困境,也發生在美國的「鏽帶」(沒落的工業區)、英格蘭東北部,以及開發中國家依賴採掘業的地區。

本章將說明,如果我們要有效且人道地應對經濟衝擊和技術變革,圍繞著工作的社會契約必須如何改變。這意味著我們必須對個人、家庭、雇主和整個社會之間如何分擔風險有不同的想法。

工作形態發生了什麼變化?

先進經濟體的傳統工作模式是:多數成年人投入全職工作,遵從強制規定,藉由繳納某種形式的薪資稅對社會作出貢獻。作為交換,他們獲得失業保險,年老時獲發養老金,在某些國家還得到醫療保險保障。與此同時,在低收入國家,多數人在非正式經濟部門工作,不會有受法律保障的工作契約、失業給付或其他形式的社會保險。[3]他們遇到經濟困難時,必須仰賴家庭和社區的支持。但近年來,工作人口已經發生巨大的變化,進而影響了這些安排的性質。

傳統上,勞動力是以18歲至60歲的男性為主。如今,世界各地都已經有大量女性進入勞動市場。投入工作的年輕人減少了,因為現在年輕人普遍接受更長時間的教育,希望日後可以因此得到比較高的工資;現在許多人踏入20歲之後,還要再過好幾年,才進入勞動市場。堅持工作的長者增加了,因為許多國家提高了退休年齡,而且很多人必須增加儲蓄,以滿足自己的養老需求。現今的全球勞動力比以前老一些,在性別和工作形

態方面比以前多樣化。

　　勞動力變得比較多樣化，已經導致越來越大比例的勞工，在比較靈活的安排下工作。事實上，這正是近數十年就業成長的主要驅動力。[4]越來越多工作採用臨時合約、兼職安排，要不就是所謂的「零工」（gig work），也就是透過某種技術平台為多個雇主服務。這些工作往往不提供社會保險之類的福利，失業之類的風險完全由勞工承擔，而不是與某個雇主分擔。越來越多勞工必須承擔各種責任，包括安排自己的工作時數、適時更新自己的技能、生病時自己度過難關，以及確保自己有足夠的錢養老。

　　有趣的是，這種形態乃舉世皆然。提起沒有福利的臨時工作，我們通常會想到開發中國家，因為這些國家只有很小比例的勞工受雇於正式經濟部門，例如在政府或大公司工作。但是，非正規就業日增，如今是富國和窮國皆然，因為在先進經濟體，正規就業日益被兼職工作、自雇安排和零工時契約（zero-hour contract）取代；在零工時契約下，雇主並未提供最低工時數，勞工的工作時數或收入完全沒有保障。

　　在多數先進經濟體，以當前工作做了多久衡量的工作穩定性，近年有所降低。[5]工作保障衰退最多的，是沒有高中學歷（九年以上教育）的低學歷勞工。就業不足（勞工希望可以增加工作時數，但未能如願）的情況也增加了，尤其是年輕人、女性和不曾接受任何高等教育的人。沒有受過高等教育的年輕人境況特別差，往往就

業不足或從事非常低薪的工作。受過高等教育的年輕人情況好一些，但在經合組織國家，他們一般而言，仍比過去更有可能從事低薪工作。

這種現象之所以可能出現，是因為自1980年代和1990年代以來，許多國家放寬了對勞動市場的管制。在多數先進經濟體，追求效率使雇主在雇用和解雇勞工以及員工福利方面獲得更大的彈性。即使在通常被視為勞動市場管制最嚴格的歐洲，也有約三分之一的雇員適用所謂的另類契約；在這種契約下，他們的工資較少，而且通常無權享受獎金、利潤分享、加班費、培訓和職業發展機會等福利。[6]

諷刺的是，這些另類契約之所以出現，主要是因為雇主努力規避受高度管制的正式經濟部門的限制。結果是，勞動市場分成兩個層級——一個是受高度管制和正式的，另一個則不是。近年來，許多國家的政府政策，是以通融和鼓勵靈活的就業安排為宗旨。例如在德國，2002年啟動的哈茨改革（Hartz reforms），使臨時工增加至占所有雇員約5％，相當於約100萬人。[7]這些臨時工作多數不會超過三個月，而且往往是在零售、餐旅和營建等低薪部門。在英國，現在約3％的勞動人口適用零工時契約，美國是2.6％，芬蘭4％，荷蘭6.4％。[8]

在美國，外包增加催生了工作場所裂變（workplace fissuring）的現象，也就是勞工並非受雇於從他們的勞動中得益的公司。在經濟學中，公司理論告訴我們，公司之所以存在，是因為不可能把所有事情都承包出去，

將某些活動放在組織之內是有道理的。許多公司起初是將非核心活動外包，例如清潔、餐飲、保全、會計和發薪等，通常是由派遣勞工負責這些工作。但現在越來越多核心工作被外包出去，結果是電腦程式設計師、產品設計師、律師、會計師和建築師，都可能是以計件方式工作。適用另類契約的美國勞工比例，1995年時約為11％，到了2015年已增至16％。[9]Uber 和 Deliveroo 等技術平台面世，使這種情況得以進一步發展：這些平台使個別勞工可以向一家公司出賣勞動力，但根本不被視為僱員，雖然這一點在許多地方正受到挑戰。

自僱和零工，可能是就業安排中最靈活的類型。零工的特點是低工資和低工時，而零工勞動者僅占勞動力一小部分（但比例往往正在擴大）——在義大利占5％，英國7％，美國14％。[10]多數零工勞動者可以選擇工作時間和地點，調查顯示，這些勞動者有80％是在自己收入減少時利用零工補充收入，或必要時利用零工增加收入。只有少數人（有一項調查的結果為16％），以零工為唯一的收入來源。

在就業安排日趨靈活的同時，工會代表的勞動力比例顯著降低。近數十年來，世界各地都出現工會勢力持續衰退的情況，勞動力中工會成員的比例從1990年的36％，減半至2016年的18％。[11]這股趨勢是由許多因素驅動的，包括工業（相對於服務業）衰落、靈活的就業安排日益盛行，以及年輕人的行為顯著改變。現在各國勞動力中工會成員的比例差異很大：丹麥、瑞典、芬

蘭等北歐國家顯著超過60％，多數開發中國家則低於10％。[12] 世界各地的就業保障（以保護勞工免受個別或集體無理解雇的法律衡量），也傾向減弱。

雖然許多先進經濟體的勞動市場改革，以自由化和減少管制為目標，許多開發中國家卻是反向而行，致力為在正式經濟部門工作的少數勞工加強勞動市場管制。這種管制是為了彌補社會保障制度之不足，往往涉及終止雇用契約的通知要求、定期契約的規管，以及資遣費要求。[13] 它們實際上降低靈活性，以補償保障之不足，但僅保護一小部分的勞工——這是很差的政策組合，往往會製造出歐洲那種兩個層級的勞動市場，也就是正式經濟部門的勞工受到保護，其他勞工（通常是年輕人和窮人）不受保護。

比較靈活的就業安排，對勞工有何影響？

就業安排變得比較靈活，是許多就業機會得以出現的一個重要原因。企業變得比較願意請人，因為它們知道，當需求萎縮時可以裁減人力。農業和旅遊業等部門面臨需求週期性波動的問題，這些部門的雇主可以適時增聘人手以滿足業務需求，淡季時可以縮減人力。靈活的就業安排使效率得以提高，很可能是企業在2008年全球金融危機過後迅速增加人手的一個重要原因。對一些勞工（如婦女）來說，就業安排變得比較靈活，意味著她們可以更好地平衡工作負擔和生活的其他面向。

但就業安排變得比較靈活，也意味著就業保障減

少，因為更多風險被轉移到勞工身上。最近的冠狀病毒大流行，就暴露了這個問題的危險：在世界各地，那些工作沒有保障、自雇或適用臨時合約的勞工，是最可能失去生計的人。工作不穩定對勞工的身體和精神健康有重大影響。面對收入不確定的問題，許多現代勞工為自己的經濟負擔焦慮不已，而且無法規劃生活。被解雇的勞工更可能罹患新的疾病，預期壽命會縮短，日後收入會減少，而且會變得比較不信任其他人。[14]企業也會因為裁員而受到負面影響，包括聲譽受損、公司股價下跌、員工流失率上升、留下來的員工表現變差和工作滿意度下降。[15]這一切都不利於生產力和未來創造新工作的能力。

這些趨勢也已經影響一般生活水準。一方面是新的就業形態，導致那些就業安排靈活、競爭激烈的部門（例如服飾、通訊、家具、餐飲和航空）產品價格顯著降低，以至一般人每年可以減少工作六週，但維持相關商品的消費量在2000年的水準。[16]但另一方面，居住、教育和醫療照護等基本消費，因為這些部門的競爭受到限制，價格上升的速度比其他消費品快得多，占用了家庭收入越來越大的比例。

居住是多數家庭最大的支出項目，為了住在就業機會最好的地方，勞工必須承受較高的居住成本。在許多地方，社會住宅或公共住宅的供給正在減少，而私營部門對房地產的投資受限於土地規劃法規、其他管制和基礎設施不足。現在一般人每年必須多工作四個星期，才

可以維持二十年前在居住、教育或醫療照護方面的消費
水準。雖然我們能以空前便宜的價格，購買電子商品、
數據和流行服飾，但對一般人最重要的東西（例如擁有
一個家和獲得健康照護），卻比以前昂貴得多。在某些
國家，例如英國，這些重要必需品價格上漲，吃掉了過
去二十年的全部收入成長。這些趨勢某程度上解釋了為
什麼儘管許多國家國民所得顯著成長，但許多家庭覺得
自己的境況變差了。

　　這種生活水準取捨的一個好例子是廉價航空業。廉
航使數以百萬計的人，得以實現出國度假的夢想。廉航
票價之所以低廉，部分原因在於廉航業者普遍以派遣人
力、自雇者和零工時約聘人員滿足人力需求，不再遵循
航空業者提供穩定正職工作的傳統。冠狀病毒大流行之
前，歐洲20％的空服人員和18％的機師，沒有與雇主簽
訂長期雇用契約。在彈性契約下工作的空服人員，高達
97％是為廉價航空公司工作。[17] 廉航消費者顯然得益；
為廉航工作的人如果不是因為就業安排變得比較有彈
性，或許不會有這種工作機會，但他們的境況很可能顯
然不如那些享有傳統工作契約保障的同行。

　　總而言之，現今的勞工面臨工作變得比較不穩定，
個人承擔較多失業、疾病和養老風險的世界。如果他們
受過良好的教育、掌握較高的技能，而且住在大城市，
生活很可能還不錯。但如果不是這樣，他們的前景就不
是那麼好，而且比較不確定。在此之外，還有一個因素
將極大地影響工作的未來，那就是自動化。

未來的工作將有何變化？

自從19世紀盧德分子（Luddites）破壞當時英格蘭新引進的自動紡織機以來，每一波技術創新都引發人們對失業的擔憂。當然，新技術往往確實會取代勞動力（這正是生產力成長一個重要來源），但新技術也往往藉由創造新機會造福勞工。

現在的自動化和機器學習技術，將會取代一些勞工（那些負責重複和例行作業的人），但也將提升其他人的生產力（那些工作涉及解決問題、發揮創造力和與人往來的人。）例如醫師可能仰賴機器診斷乳癌，但將有更多時間與病人討論治療計畫，很可能因此得到更好的結果。表2列出一些很可能將保持不變的職位、可能變得多餘的職位，以及未來將提供就業機會的新職位。有趣的是，可能變得多餘的職位，並非只是低技能的工作，例如資料輸入員和司機，還包括傳統的高技能職位，例如律師和金融分析師。[18]

現在就擔心機器人將取代多數人類勞工，以致我們將必須以某種方式轉移收入給未來的大量失業者，可能還為時過早。技術發展造成失業的問題，上一次是在1960年代引起廣泛關注，當時諾貝爾經濟學獎得主赫伯特・賽門（Herbert Simon）寫道：「如果這稱得上是經濟問題，世界在這個世代和下個世代面臨的是資源不足的問題，而不是資源充裕到令人無法忍受的問題。自動化這鬼怪消耗了我們為問題擔憂的能力，這種能力應該

表2　穩定、新興和正變得多餘的工作

穩定的職位

總裁與執行長	風險控管專家
總務與營運經理*	資訊安全分析師*
軟體和應用程式開發者與分析師*	管理與組織分析師
	電工工程師
數據分析師和科學家*	組織發展專家*
銷售與行銷專業人員*	化學處理廠操作人員
銷售代表（批發和製造、技術與科學產品）	大學與高等教育教師
	法規遵循人員
人力資源專家	能源與石油工程師
金融與投資顧問	機器人專家和工程師
資料庫與網絡專業人員	石油與天然氣精煉廠操作人員
供應鏈與物流專家	

新興職位

數據分析師和科學家*	創新專業人員
人工智慧和機器學習專家	資訊安全分析師*
總務與營運經理*	電子商務和社群媒體專家
大數據專家	用戶體驗和人機互動設計師
數位轉型專家	培訓與發展專家
銷售與行銷專業人員*	機器人專家和工程師
新技術專家	人與文化專家
組織發展專家*	客戶資訊和客戶服務人員*
軟體和應用程式開發者與分析師*	服務與解決方案設計師
	數位行銷與策略專家
資訊技術服務	
流程自動化專家	

正變得多餘的職位	
資料輸入員	收銀員和票務員
會計、簿記和發薪文員	機械師和機器維修員
行政與執行祕書	電話行銷員
裝配和工廠工人	電子和電訊安裝與維修人員
客戶資訊和客服人員*	銀行櫃員和相關文員
商業服務與行政經理	汽車、箱型車和摩托車司機
會計師與審計師	銷售與採購代理和經紀人
材料記錄和庫存管理文員	上門銷售人員、報紙和街頭
總務與營運經理*	小販及相關工作人員
郵政服務職員	統計、財務和保險文員
金融分析師	律師

*出現在多個職位類別中，意味著有些產業對這種人才的需求可能保持穩定或減少，但另一些產業對這種人才的需求則增加。

用來處理真正的問題，例如人口、貧困、核武，以及我們自己的神經質。」[19]

對我們來說，真正重要的問題是：我們可以如何保留工作靈活安排的好處，同時減少勞工承受的風險和不安？我們如何為那些在另類安排下工作的勞工，提供收入保障和福利？我們怎樣才能創造更多高品質的工作？因應自動化和機器學習技術普及，勞工將必須學習和調整以適應工作的轉變，我們如何幫助勞工做到這件事？

社會契約應如何改變？

多數國家目前的勞動法規和社會保障制度，不是很能處理現今勞動市場上日益普遍的工作類型產生的問

題，也未能有效因應已經加快速度的工作汰換。總的來說，制度過度傾向支持靈活的就業安排，對勞工的保障和支援不足。

從圖10可以看出，各國目前確切的就業安排靈活性和勞工保障差異很大。有些國家，包括歐洲多數國家，提供低靈活性和高保障；另一些國家，例如美國，提供高靈活性和低保障；與此同時，亞洲、非洲、中東和拉丁美洲多數國家，在正式經濟部門提供低保障和低靈活性，在非正式部門提供高靈活性。只有幾個國家，例如丹麥、紐西蘭、日本和澳洲，處於「最適點」，提供高靈活性和高保障。這些國家取得適當平衡，既容許雇主靈活調整勞動力以因應經濟衝擊，也確保勞工得到支持，能夠在維持合理生活水準的情況下換工作。

在北歐國家，勞工不難換工作。[20]事實上，瑞典、丹麥和芬蘭的勞工換工作的頻率，在歐洲國家當中是最高的。這些國家的雇主可以靈活改變勞動力以適應市場情況，因為他們知道員工不難找到其他工作。他們能有這種信心，是因為他們的政府在教育和勞工再培訓方面的支出超過多數其他國家，相關支出占國民所得的比例，是美國和英國等國家的十倍以上。

有效平衡就業靈活性與勞工保障的新社會契約，將必須兼顧幾個方面，因為人們可能面臨的衝擊各有不同。首先，任何制度都應該秉持的一項關鍵原則是：確保人人都有基本收入，可以維持體面的生活，滿足基本的居住、糧食和醫療需求。第二，那些在非傳統、兼職

圖10　各國的就業安排靈活性與勞工保障取捨差別很大

勞動市場靈活性相對於社會保障的情況

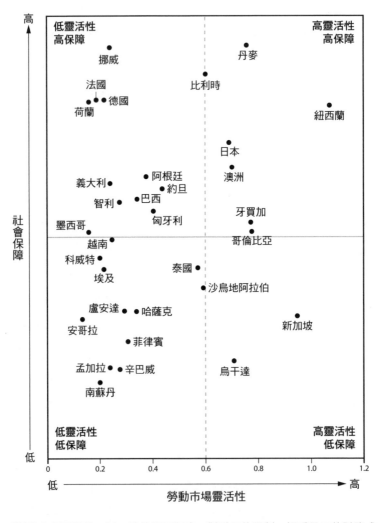

「勞動市場靈活性」以工時的僵固程度、對雇用的限制、解雇員工的財務成本和解雇的程序要求衡量；限制越少、成本越低，靈活性越高。「社會保障」以醫療、教育、所得補助和就業服務方面的公共支出對GDP的比例衡量，以各國的最新數據為準。若想了解更多國家的情況，可參考書末注釋本圖資料來源。

和靈活安排下工作的人，必須得到保障。第三，勞工面臨經濟失調時，應該根據衝擊的性質提供適當援助：在某些情況下，勞工有望在同一行業、職位類型或地區找到新工作；在另一些情況下，他們將需要比較全面的協助，包括重新接受培訓以掌握新技能。下列依次討論這些面向：收入保障、加強保障所有工作類型的勞工，以及更重視再培訓和尋找新工作。

保障基本收入

在傳統社會裡，陷入困境的人必須仰賴家庭或社區提供經濟支持，但這種支持並非一定可以得到。隨著社會變得富裕，人們找到了比較可靠和一致的方法來保護民眾，使他們不會因為失業或財務困難而面臨災難性後果。這些方法包括保障人們的基本收入，而各國已經發展出許多做法。

世界上幾乎每一個國家，都設有最低工資，可能是藉由立法設定，也可能是集體談判產生的。[21] 在許多勞工工資停滯不前的國家，最低工資變得特別重要。不過，雖然最低工資保障勞動報酬，保護勞工免受雇主剝削，但並不保障民眾的收入，只是確保勞工的付出可以得到合理的報酬。事實上，最低工資避免訂得太高是很重要的，因為若非如此，生產力不足以獲得最低工資的勞工可能會失業。對這些勞工來說，負所得稅（或勞動所得稅額抵減）是更好的機制，既可以提供體面的生活水準，還能保住他們的工作動機。

　　除了最低工資，多數先進國家也以失業保險支持失去工作的人。失業保險給付可能只有以前工資的30％（哈薩克和波蘭），也可能高達以前工資的90％（模里西斯和以色列）。與此同時，給付期限可能只有1.2個月（哈薩克），也可能是無限期（比利時）。一般而言，先進經濟體的失業給付比較慷慨，而領取給付的人必須願意投入新工作和定期向當局報告。例如丹麥的「工作福利」（workfare）制度，提供非常慷慨的失業給付，約為以前工資的90％，但要求領取給付者接受培訓，並在完成培訓後服從強制的工作安排。然而，由於多數失業保險僅適用於受正式雇用契約保障的人，世界上四分之三的勞工因為受雇於非正式經濟部門，並不享有失業保險保障，他們主要是開發中國家的勞工。

　　保障基本收入的另一種方式，是為最窮的家庭提供現金移轉支付。墨西哥和巴西啟動的一些計畫，為貧困家庭提供定期的現金移轉支付，條件是這些家庭安排他們的孩子入學或參加疫苗接種計畫。在非洲，現金移轉支付往往是無條件的，旨在幫助收入非常低的家庭。目前超過130個開發中國家，設有某種形式的現金移轉支付，為最貧困的家庭提供一種安全網，無論受助者是否有工作。行動電話普及，使政府得以辨識最貧困的家庭，以最低的行政費用，將補助直接轉入他們的銀行帳戶，對開發中國家提供現金移轉支付大有幫助。我在世界銀行、英國國際開發部和國際貨幣基金組織工作期間，見過數十個這種計畫付諸實行和接受嚴謹評估。壓

倒性的證據顯示，它們對防止赤貧、改善營養、支持兒童教育，以及改善最窮家庭的健康相當有效。[22]

各國找到不同的方法，確保這種福利嘉惠最需要的人，同時維持受惠者的工作動機。印度的保障就業計畫，為任何公民提供100天的最低工資工作，通常是營建等領域的低技能工作。當局的設想是：因為那些工作十分費力，只有最需要的人會報名。基本收入保障的給付，最好是隨著受惠者的收入或財富增加而逐漸減少，避免出現所謂的「資格懸崖」（eligibility cliff），也就是收入保障的受惠者投入低薪工作，反而導致經濟狀況變差，以致失去工作動機。

全民基本收入（UBI）的構想，近年引起了很多討論。這個越來越多人支持的構想，拋棄了針對最有需要的人提供救濟的想法，也不認為提供基本收入保障必須以受惠者投入工作、送孩子上學或參加公共衛生計畫為條件。在全民基本收入計畫下，每一個成年人都無條件獲得相同的現金給付。倡導者認為，全民基本收入不但賦予勞工力量，還是應對經濟衝擊的最佳安全網，因此在自動化技術取代越來越多勞工的世界裡，全民基本收入將越來越有必要。[23]

世界各地已經做了許多全民基本收入實驗。[24]芬蘭的實驗設計得非常好：當局每月無條件給予兩千個25歲～58歲的人560歐元，即使他們找到工作，也可以留住這筆錢。兩年後，證據顯示，這種給付對就業沒有影響：實驗參與者找到工作的可能性，與領取失業保險給

付的人相同，但全民基本收入領取者的幸福感，略高於領取傳統失業給付的人。因為該計畫未能達到政府的目標，也就是未能藉由支持國民學習新技能或創業，幫助他們找到工作（而不是使他們覺得比較幸福），當局在2018年終止了計畫。先進經濟體的多數實驗，也得出類似的參差結果。[25]

在我看來，多數國家可以提供效果比全民基本收入好得多的社會契約。全民基本收入的一大問題是成本過高——如果全民基本收入設在慷慨的水準，成本將高達GDP的20～30％，政府將必須為此課徵不可持續的重稅。[26]在少數情況下，全民基本收入可能是最好的選擇，例如在一些非常貧窮的國家（它們尚未建立起能夠針對有需要的人提供福利的制度），又或者政府以全民基本收入，取代能源補貼之類的更差政策（例如伊朗2011年取消燃料補貼，取代為每個家庭都可以得到現金移轉支付。）[27]但對絕大多數的國家來說，如果目標是減少貧困，針對性的福利是更好的選擇，而這種福利最好是配合就業援助，確保有能力工作的人都可以投入工作，為社會作出貢獻。為勞工賦權，可以藉由改善最低工資、福利、工會和再培訓計畫來實現。

有些人認為，比保障基本收入更好的做法，是促進財富分配平等，藉此使人們享有比較平等的人生機會。例如托瑪·皮凱提（Thomas Piketty）就主張每年針對財富課徵重稅，使每一個人到了25歲，都可以獲得政府授予12萬歐元的資本。[28]唯一曾經嘗試類似做法的國家是

英國（雖然規模很小）：2002年至2011年間，工黨政府向每一名兒童發放250英鎊，作為兒童信託基金（Child Trust Fund）計畫的一部分。貧困家庭的孩子獲得額外的250英鎊，而且可以增加金額，留待孩子18歲時使用。並不令人意外的是，因為金額很小，該計畫的作用相對有限。

有一種觀點認為，資產移轉（贈送有助產生收入的東西給受助者，無論是現金或其他財產，例如土地或機器），除了可以促進平等，還可以產生比收入移轉更持久的作用，因為收入移轉只能幫助受助者勉強度日。孟加拉就曾推行一項資產移轉計畫，主要是送給貧困婦女一些牲畜或可以產生收入的其他東西，證實可以幫助一些最窮的家庭永久擺脫貧困。[29]該計畫在贈送資產之餘，還為貧困婦女提供大量建議和支援，這是它成功的關鍵。與其送人一條魚，不如送人一根魚竿，但教會受助者使用魚竿釣魚，與送出魚竿一樣重要。

總之，所有國家都有可能以某種形式，結合最低工資和基本收入保障。在開發中國家，現金移轉支付計畫已證實可以有效支援最窮的家庭。在先進經濟體，一些為低技能者增加收入的機制（例如勞動所得稅額抵減）也運作良好，可以使受助者享有體面的生活水準。資本移轉的構想大致上未經驗證，但值得進一步研究。在我看來，本書第3章提出的專門用於教育和技能再培訓的終身學習補助，會是一種比較可接受的做法，而且長遠而言，會是投資在未來世代上和實現公平的更有效方

法。正如倫敦政經學院的偉大經濟學家、榮獲諾貝爾獎的亞瑟·劉易斯（Arthur Lewis）所言：「貧困的根本解方不是金錢，而是知識。」[30]

保障彈性工作者

冠狀病毒大流行充分告訴我們，在危機時期，從事沒有保障的工作是非常危險的。在瘟疫衝擊下，巨大比例的人口突然失去收入，先進經濟體的政府被迫介入，以支持自雇者和彈性工作者，同時提供資金幫助較為傳統的雇主留住員工。最受打擊的往往是年輕人、低技能勞工和少數族群。[31]在開發中國家，工作被疫情打斷的人，往往就此失去生計。

如前所述，許多雇主更喜歡靈活的就業安排，因為可以在社會保險、遣散費、退休金和醫療保險方面省下不少錢。例如在荷蘭，雇主雇用一名正式員工的成本，可能比雇用獨立承包商做類似工作高60％。彈性工作者不但特別容易受到經濟失調衝擊，年老時也特別脆弱，因為在多數國家，他們並不參加退休金計畫，又或者僅提撥很少收入到退休金帳戶。在美國之類的國家，醫療保險往往與就業結合，彈性工作者可能因此無法獲得高品質的醫療保障，而有正職工作的人則因為害怕失去醫療保障，被鎖住在他們的工作上。

這種問題基本上有兩種處理方式：我們可以要求雇主，按照彈性工作者的工作時間，為他們支付社會保險費用，又或者我們可以免除雇主為社會保險出錢的負

擔，改由一般稅收支付相關費用，以便人人享有社會保險的保障，無論就業性質如何。政府若能以比較一致的方式，針對各種類型的就業課稅，這兩種做法都將有利於競爭、創新和財政永續性，並為彈性工作者提供更大的保障。如果除此之外，我們能使這種社會保障在不同的工作、行業和就業類型之間移轉，我們將更有能力應對自動化帶來的重大變化；許多國家正在試驗這種安排。

例如荷蘭就已經立法防止對兼職工作者的歧視，要求兼職人員的雇主根據他們的工作時間，按比例提供社會保障和其他福利。因此，荷蘭77％的女性和27％的男性從事兼職工作，比例之高為全球第一。[32]丹麥也規定，彈性工作者享有與正規雇員相同的福利。

為自雇者提供公平的競爭環境也是有可能的。在多數國家，自雇者對社會保險計畫的保費貢獻，顯著少於受雇者。以英國為例，雇主必須為雇員支付13.8％的國民保險（National Insurance）保費，但如果提供服務的是自雇者，雇主就完全不必支付這種保費。改變這種情況的努力至今未能成功，但如果制度能夠消除這種差異，也就是無論雇用自由工作者還是正式員工，雇主都必須承受相同的社會保險負擔，雇主將不會那麼傾向選擇靈活的就業安排，而且社會保險將能獲得更多資金挹注。[33]

越來越多政府正在採取措施，迫使雇主給予彈性工作者更多保障。例如加州就曾嘗試立法，要求優步（Uber）和Lyft等數位平台公司，把透過平台提供服務的人視為員工，但未能成功。奧勒岡州、紐約市、舊金

山、西雅圖和費城已經通過法律，要求企業保障勞工的
工時，並事先通知工作時間安排，希望能使勞工的收入
變得比較可預料和有保障。此外，也有一些局部和自願
性質的措施，紐約州就創立了非營利保險組織黑車基金
（Black Car Fund），在紐約的豪華轎車司機受傷期間為
他們提供收入。[34] 該基金針對車費加收 2.5% 的附加費，
並且為成員提供安全駕駛訓練，藉此降低風險。

　　有些人認為，許多勞工樂於犧牲一些保障，換取想
工作時才工作的好處。他們特別喜歡以利用線上工作補
充收入的年輕零工勞動者為例。但也有證據顯示，美國
和英國的彈性工作者，更喜歡比較傳統的勞動安排：他們
多數願意放棄 50% 的時薪來換取正職契約；如果一個月
的契約換成一年的契約，他們願意放棄 35% 的時薪。[35] 一
項針對英國、義大利和美國的零工勞動者的調查發現，約
80% 的受訪者支持與雇主建立「共享保障帳戶」（shared
security accounts）以穩定收入的構想。義大利和英國的受
訪者，最關心的工作相關福利為養老金，美國受訪者則是
醫療保險。[36]

　　麥當勞最近給予它在英國的 11.5 萬名員工一個選擇
機會，可以從零工時契約轉為每週保障基本工作時數的
固定契約。[37] 許多零工時契約員工，無法獲得房屋抵押
貸款或手機契約，因為他們無法證明自己有固定收入。
儘管如此，這些員工有 80% 選擇維持彈性契約，結果與
之前的研究結論不同，但這可能主要是反映麥當勞勞動
力的特殊情況，而不是一般勞工的偏好。或許，最有趣

的是，在給予員工機會選擇較有保障的勞動契約之後，麥當勞發現員工和顧客的滿意度都有所提升。

許多重要企業正摒棄狹隘追求股東價值極大化的觀念，轉為重視公司存在的目的和為各種利害關係人服務，包括為員工提供更多保障和福利。[38]一些經濟學家認為，創造「好工作」（good jobs）或鼓勵「高尚雇主」（high road employers）很重要。所謂「高尚雇主」，是指因為投資在培訓和提升就業機會的品質上，有能力提供高於市場行情的工資和福利的雇主。[39]許多雇主不但這麼做，還能夠持續保持競爭力，證明了這是有可能的。不過，雖然我們應該讚揚和鼓勵這種努力，但我認為，光靠道德勸說是不夠的——我們必須利用法律或監理手段，普及企業在社會責任、員工福利和培訓方面的良好做法，為所有企業創造一個公平的競爭環境。

在為彈性工作者爭取更多保障這件事上，工會可以發揮重要作用。彈性工作者是工會重要的潛在新支持者，在現實中已有彈性工作者組織工會的例子。在義大利，送餐員協會與波隆那的工會和議會達成法令，為Deliveroo和Uber Eats之類的送餐服務，設定薪酬、工時和保險方面的最低標準。一些平台拒絕簽署，波隆那市長為此組織抵制行動，結果證實有效。[40]在印度，自雇婦女協會既是工會，也經營合作社，支援超過200萬名婦女，維護她們的公民、社會和經濟權利。數位科技導致彈性工作增加，但彈性工作者也可以利用數位科技組織起來以因應新局面。

幫助勞工調整適應

　　無論就業形式如何，保障勞工的基本收入和福利，是新社會契約不可或缺的一部分。作為回報，失業者有義務接受必要的再培訓和盡快重新投入工作——只要他們的身心狀況容許這麼做。社會應該如何支持失業者恢復工作？如果大量勞工因為技能過時而失去工作，我們該怎麼做？我們是否有可能重新培訓低技能勞工或衰落地區的勞工，使他們能夠找到新機會？

　　有關勞工再培訓計畫的效力，至今已有數以百計的學術研究，先進國家和開發中國家皆有。[41]這些計畫效果參差，但有關什麼措施有效的教訓相當明確。注重就業安置的措施，例如幫助失業者尋找新工作，以及監督求職者的行為，可以有效地幫助失業者，尤其是低技能勞工，在短期內恢復工作，而且運作成本不高。培訓若是針對雇主的具體需求設計，並且結合工作經驗，可以產生更大的作用，比那種與私營部門無關的課堂培訓有效。雖然這種培訓的成本可能相當高，但如果看數年的作用，效益非常可觀，對長期失業者來說尤其如此。如果接受培訓可以獲得某種形式的認證或正式資格，也會有幫助。對低技能勞工來說，為參加者提供行政支援的計畫，也往往可以產生更好的就業結果。[42]

　　我們也知道哪些做法效果不佳。只是送勞工到學院或職業訓練機構接受課堂培訓，通常無法得到令人滿意的投資報酬。補貼企業以鼓勵它們雇用遭裁員的勞工，

雖然可以增加就業，但也會造成浪費，因為許多雇主本
來就會雇用那些勞工。公部門勉強創造職位給失業者，
則總是行不通。為那些已經面臨裁員風險的勞工提供培
訓，效果不如預先培訓料將受技術變革衝擊的勞工。[43]

　　瑞典示範了如何以規劃周到、措施全面的方式，幫
助面臨集體裁員風險的勞工：該國的就業保障協會（Job
Security Councils）在裁員發生前，就為個別勞工提供建
議、培訓、財務援助和創業支持。[44]就業保障協會與工
會和雇主合作，針對那些因技術變革或經濟原因而面臨
失業風險的勞工提供協助。受助者獲分配專門的教練，
在被裁員前六至八個月，就開始獲得服務。這種服務的
經費，來自對雇主徵收員工工資的0.3％。就業保障協會
的成功率很高：74％的勞工能夠找到新工作或接受進一
步培訓，找到工作的人有70％可以維持以前的工資或賺
取更高的工資。[45]

　　各國最好是能高瞻遠矚，預見未來將出現的就業機
會，據此幫助年輕人和現在的勞工做好準備。在1950年
代和1960年代，蘇聯式的中央計畫者試圖精確估計維持
經濟運作需要多少焊工、麵包師、教師和護士，結果敗
壞了人力規劃（當時的說法）的名聲。並不令人意外的
是，那些中央計畫者的預測證實不準確，因為他們未能
料到將會出現擾亂就業的技術變革。儘管如此，根據料
將發生的技術演變，我們至少有可能分辨未來需要哪些
類型的技能，即使具體的職位未能確定。

　　例如丹麥正是根據這種分析，制定該國的教育和雇

員培訓策略。丹麥在積極勞動市場政策上的支出高居全球第一（約為GDP的1.5％），這種政策旨在幫助勞工更新技能和保持就業。丹麥工作福利與革新委員會這麼敘述目標：「我們必須使人人都成為未來的贏家。我們絕對不能分裂為變革得益者和因變革而被甩在後頭的人。」[46]由此產生了一個涵蓋從小學教育到職業訓練的全面前瞻計畫，重點支援那些比較可能找不到工作的人，包括身心障礙者、外來新移民和低技能者。雖然該制度十分慷慨，但要求也相當嚴格：失業給付最多維持一年，隨後在可能長達三年的時間裡，必須積極參加培訓或學徒計畫。失業者受個案負責人積極監督和支援，絕大多數人在一年內重投工作，遠未與就業市場脫節。[47]因此，丹麥一直是世界上失業率最低和工作人口比例最高的國家之一。

此外，越來越多證據顯示，安排勞工盡早參與適應技術變革的過程，不但對他們有好處，對整體業務的生產力和效率也有幫助。[48]例如一項研究著眼於紐約州304家引進電子醫療紀錄系統的老人養護中心，結果發現那些鼓勵員工參與引進新技術的地方，包括鼓勵提出建議、參與決策和解決問題等，生產力比其他地方高得多。[49]最成功的老人養護中心遠在引進新技術之前就通知員工，並給予他們機會接受培訓和改變工作方式（如果新技術取代了一些原有的人力工作，員工可以接受再培訓以投入新工作），以便盡可能發揮新技術的作用。

這種做法不但對勞工有利，還可能嘉惠雇主。企業

如果解雇員工、找新人替補，會產生遣散費、招聘費和新人入職相關費用。美國一項評估發現，即使計入再培訓的成本，包括員工接受再培訓期間的產出損失，對雇主來說，針對那些工作在未來十年間將被新技術破壞的員工，再培訓當中25％的人，將比雇用新員工更划算。[50]如果再培訓的成本，可以由整個產業分攤，則再培訓一半的勞動力是划算的；如果將勞工持續就業的廣泛公共利益納入考量（政府避免損失稅收，而且可以節省福利支出），再培訓77％的勞動力是合理的。

　　本章說明了更新圍繞著工作的社會契約既是必要的，也是可能做到的。貧窮的國家可以為最窮的人提供基本收入，而隨著社會變得比較富裕，基本收入可以逐漸提高。在先進經濟體，保障基本收入已是可以做到的事，而且可以藉由制度設計，鼓勵人們投入生產工作。因應靈活的就業安排產生的問題，我們可以加強保障勞工，為所有人提供合理的福利，無論他們的勞動契約性質如何。如果我們知道自己一旦不能工作，社會將會分擔風險，我們的不安全感將可大大減少。最後，投入更多的資源，幫助人們終身更新技能，可以使他們失業時迅速恢復工作，繼續為社會作出貢獻。

6

養老

我們所有人都會變老（希望人人都能活到老年），而隨著我們變老，多數人將面臨兩大挑戰：到了我們無法再工作時，我們將如何維持生計？到了我們無法再獨立生活時，我們將如何獲得照顧？多數社會預期必須提供最低程度的援助，以便那些不能工作或照顧自己的人年老時仍可以過體面的生活。一如社會契約的所有其他方面，關鍵問題是如何在個人、家庭、社會與市場之間，分攤養老相關風險。但是，老年生活規劃比社會契約的其他方面困難得多，因為沒有人知道自己會活多久，也不知道自己晚年健康狀況如何。我的祖父是個謹慎的科學家，但從未想過他會活到94歲；我的外祖父生活比較隨性，72歲時突然去世，當時他在賣掉家族農場的柳橙收成之後，才剛訂購了一個新衣櫃。

在歷史上，男性如果活到超過60歲，多數會繼續工作；退休的概念是20世紀的產物。傳統上，老人由家裡

的女性照顧。但是,人類壽命延長,人們普遍期望晚年將有頗長一段時間不用工作,加上越來越多女性外出就業,已經使老年生活的挑戰變得比較嚴峻。人們普遍認為東方社會比較敬老,但即使在日本和南韓這種國家,多代同堂的家庭也已經越來越罕見,老人往往自己生活。一如社會契約的許多方面,老年生活的風險,越來越傾向由我們個人承擔。

社會對個人退休養老,負有多大的責任?一個人應該工作多久,才有資格領取養老金?社會是否應該提供基本收入保障,以免老人陷入赤貧狀態?如何以一種人道且財務上可持續的方式,安排老人照護和臨終關懷?多數國家人口老化的速度,快於解答這些問題的速度。眼前的風險是:老人很快將欠缺財力或能力在未來照顧自己。

人口老化與勞動市場的變化

上個世紀人類預期壽命提高是巨大的成就,但也帶來了一項巨大的挑戰:工作年齡人口必須供養越來越多老人。日本是65歲以上人口對工作年齡人口(20〜64歲)比率最高的國家,而展望未來50年,該比率在先進經濟體將倍增,屆時每一名勞工將供養至少一名老人。多數中等收入國家目前的人口比富裕國家年輕得多,但它們的人口正迅速老化,而且國家遠未臻先進國家人口開始顯著老化時的發展階段,可以用來處理人口老化問題的資源因此較少。在非洲和南亞的低收入國家,人口

往往相當年輕，它們的挑戰是創造足夠的就業機會，以及建立機制以確保國家將來有足夠的養老金。

社會透過政治程序，設定民眾符合資格領取養老金的年齡，藉此決定個人有權過多久的退休生活。俾斯麥1889年在德國創立第一個強制性養老保險制度時，退休年齡設為70歲。根據當時德國人的預期壽命，這意味著國家平均必須向國民支付7年的養老金。1916年，德國的退休年齡降至65歲——這意味著在今天，國家平均必須支付約20年的養老金。多數國家都經歷這種情況：退休年齡調升的速度，慢於預期壽命延長的速度，結果是民眾的退休生活越來越長。在多數中高收入國家，現在的勞工可望在退休後，度過人生最後約三分之一的時間（圖11）。退休生活年數增加最多的國家，包括奧地利、比利時、智利、德國、盧森堡、波蘭、斯洛維尼亞，以及西班牙。

眼下的基本問題是：退休生活年數相對於工作年數增加太多，結果勞工在工作期間對養老金制度的貢獻，不足以滿足他們退休後的養老需求。這種問題在隨收隨付制度中至為明顯；在這種制度中，已退休勞工的養老金，來自現職勞工對養老金制度的貢獻。隨著老年人口增加而勞動人口萎縮，勞動人口的財政負擔越來越重。預計到了2060年，二十大工業國（G20）所有國家，都將處於人口萎縮的狀態，而必須靠工作年齡人口供養的65歲以上人口，將至少是現在的兩倍。為了替這種養老需求買單，多數國家將必須大幅加稅，或容許債務負擔

圖11　勞工的退休生活時間變長了

退休生活占成年時期的比例

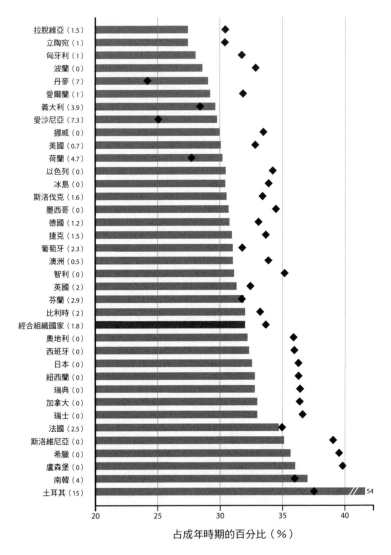

占成年時期的百分比（％）

■ 現在退休者的平均情況　　◆ 現在進入勞動市場者的情況

注：括號內的數字是符合資格領取全額退休金的退休年齡提高的年數。

大幅加重。[1]

這裡的問題不是人們活太久，而是他們儲蓄不足，而且太早退休。與此同時，人口老化的社會生育率較低，所以必須投入更多資源在年輕世代上，使他們的生產力足以照顧更大比例的老年人口。在這兩個方面，增加儲蓄和投資是必要的。

由於養老金制度沒有跟上就業形態的變化，尤其是上一章指出的日益流行的靈活就業安排，養老金不足的挑戰變得更加嚴峻。在許多國家，自雇者可以選擇不參加養老金計畫或僅提撥很少收入，結果是他們未來得到的養老給付比較少。有些養老金制度會懲罰經常換工作的人。許多並非長期受雇於一個雇主的人，往往自行安排自己的養老計畫，但他們的退休儲蓄往往不足，年老時就會面臨不夠錢生活的風險。值得注意的是，養老金制度未能調整配合彈性和兼職工作，顯著損害女性勞工的利益。結論是：養老金改革是必要的。

養老金改革的挑戰

如前所述，多數先進國家正在將養老相關風險轉移到個人身上，藉此應付人口老化衍生的財政壓力。在確定給付（defined-benefit）的傳統養老金計畫下，雇主承諾根據雇員的工資和工作年數，向他們提供金額確定的養老金。雇員對養老金計畫的貢獻，未必足以應付他們將領取的養老金，此一風險由雇主承擔。這種養老金計畫，如今正被確定提撥（defined-contribution）的養老金

計畫取代。在這種計畫下,雇主提撥數額確定的錢到養老金投資帳戶裡,雇員將來的養老金來自該帳戶,但雇主不承擔該帳戶的投資風險,也不理會雇員將來領到的養老金是否足夠生活。很少人有財務能力去管理因此產生的養老風險,但確定提撥的養老金計畫,在世界各地正變得越來越普遍。[2]

與此同時,在開發中國家,養老金福利僅限於正式部門,而在許多開發中國家,正式部門僅占經濟很小一部分。照顧老人的費用,通常主要由家庭承擔,而志願組織也承擔一些。開發中國家面臨的挑戰是:人口老化的速度,遠快於養老金制度普及的速度。除非養老金制度涵蓋更多勞工,家庭和政府資助的養老安全網承受的負擔將變得過重。因此,開發中國家必須優先促進正式部門就業、擴大強制性養老金的覆蓋範圍,以及針對退休年齡設定切合實際的期望。

雖然近年有所改革,但多數國家仍面臨養老金可持續性存疑的壓力,尤其是因為近年世界各地利率持續低迷,養老金投資的報酬率因此也偏低。這個問題有三種可能的解決方案:提高退休年齡、增加對養老金計畫的投入,或降低養老金承諾。近年來,各國三者皆有嘗試。[3]增加養老金投入的方法之一,是藉由引進更多外來移民,輸入處於工作年齡的勞動力,但這會衍生政治和社會方面的困難。

換句話說,養老金改革涉及重新談判已不再可行的社會契約。這意味著必須鼓勵個人增加養老儲蓄和延長

工作年期；使彈性工作者更容易、更自動地加入養老金計畫；以及為個人提供更有效地集體承擔風險的方法。最後，作為一種安全網，養老金制度應該保證人人都可以得到最低限度的養老金，以免最弱勢者年老赤貧，尤其是低收入者和工作生涯被打斷的人（主要是婦女）。理想的養老金制度，將為所有人提供最低限度的公共養老金，並提供各種基於保險的選擇，使勞工可以利用它們增加自己的養老收入。

問題是，養老金改革極具爭議；人們通常非常不願意放棄他們認為自己已經掙得、有權享受的東西。養老金改革也是高度政治性的，原因很簡單：老人的投票率高於年輕人。例如在經合組織國家，2012／13年度55歲以上選民的投票率為86％，而年輕成年人的投票率只有70％。老人在政治遊說方面，也往往非常有效。在先進國家，選民年齡中位數增加1歲，養老金公共支出對GDP的比例會上升0.5個百分點，這絕非偶然。[4]

在多數國家，改革發生在財政壓力加劇的危機時刻。即使如此，養老金改革要取得政治共識，仍往往必須加入「祖父條款」（grandfathering），也就是過去的養老金承諾將會兌現，新規定僅適用於未來世代，而且設有漫長的過渡期。非洲、中東和南亞有許多國家的人口比較年輕，它們最好是在既得利益者鎖定不可持續的養老金承諾之前，及早採取行動。

延長工作年期

好消息是,人們已在延長工作年期,對未來將會工作更多年已有預期——至少站在提供養老金的立場,這是好消息。例如在經合組織國家,55～64歲人口的就業率從2000年的47.7％,大增至2018年的61.4％,而25～54歲人口的就業率則變化不大。[5]在德國、義大利、法國和澳洲等國家,工作壽命延長的幅度最大,而教育程度較高的勞工是工作壽命延長最多的。世界各地的退休年齡都在提高(圖12);在高收入國家,退休年齡正提高至接近70歲,有些甚至已經超過70歲。在多數中等收入國家,退休年齡略低於60歲的情況比較常見,因為它們在調整適應預期壽命延長方面比較慢。

但是,即使延長了工作壽命,還是不足以應付退休生活延長造成的額外成本。縮窄此一差距最顯而易見的方法,是將退休年齡與預期壽命直接連動,確保工作年數與退休生活年數,總是保持適當的比例。許多國家已經這麼做,包括丹麥、愛沙尼亞、芬蘭、希臘、義大利、荷蘭和葡萄牙。葡萄牙的做法是:將退休年齡提高的幅度,設為預期壽命延長幅度的三分之二。此一公式使葡萄牙公民在享受壽命延長的好處之餘,還能提高養老金制度的財務可持續程度。無論採用什麼公式,只要能使工作年數與退休生活年數保持適當的比例,進而使退休年齡跟隨國民預期壽命的變化自動調整,我們就能避免為了提高退休年齡而經常陷入政治角力,也可以給

圖12 世界各地的退休年齡都在提高（但速度不夠快）

22歲進入勞動市場的男性的正常退休年齡（假設工作生涯完整）

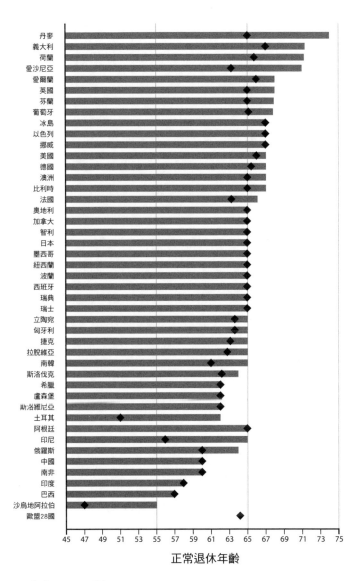

正常退休年齡

■ 未來　◆ 現在

予人們時間調整期望。

然而，這種做法一直有爭議，一些國家因為在政治上遭遇反對，已經放棄了該政策。例如斯洛伐克就已經不再與預期壽命連動，僅將退休年齡提高至64歲。義大利則針對某些勞工，暫停退休年齡與預期壽命連動至2026年。西班牙也已經暫停這種做法，荷蘭則暫時凍結其實施。類似的逆轉也發生在加拿大、捷克和波蘭。[6]

反對提高領取養老金的年齡，通常出於擔心公平問題。反對理由之一是延長的壽命可能是不健康的，而期望人們在不健康的情況下工作是不合理的。但證據似乎顯示，情況並非如此──延長的壽命往往是健康的，而由此看來，人們確實有能力工作更多年。另一個論點是：窮人往往比較早死，而從事體力勞動的人，可能無法工作更多年，提高這些人的退休年齡因此是倒退的做法。雖然這些論點都有道理，但估計顯示，因為退休年齡提高而利益受損的群體，僅蒙受很少損失。[7]儘管如此，雖然可能有些複雜，考慮社會經濟條件不同者的預期壽命差異，為健康風險較高的人提供較多養老金是有可能的。[8]

女性的養老金，也涉及重要的公平問題。在許多國家，女性的退休年齡低於男性，儘管她們往往比較長壽。加上女性的工作生涯往往比男性短，而且工資比男性低，女性的養老金因此通常顯著較低。例如在歐洲，女性的養老金平均比男性低25％。這正是為什麼女性在貧困老人中多得不成比例。長遠而言，男女退休年齡

趨向劃一，加上一些政策致力為女性提供平等的就業機會，將有助縮窄男女之間的養老金差距。[9]

將所有人納入養老金體系

為養老金體系貢獻資金的人越多，風險分攤得越廣，養老金體系的效率和可持續程度就越高。因此，為了確保人人都能獲得國家資助的最低限度的基本養老金，所有人都必須作出貢獻。一如之前章節闡述的最低工資和基本醫療保障，各國設定的基本養老金水準有巨大的差異，主要取決於國家的負擔能力。但基本養老金至少應該足以使國民免於老年赤貧，而且為了以公平的方式長期維持價值，基本養老金應該與物價、工資或平均收入的某種組合連動。至於國民自願參加養老金計畫（經濟寬裕者較常見）而得到的養老金，可以補公共基本養老金之不足，政府可視同正常儲蓄加以課稅，雖然提供租稅獎勵鼓勵國民為退休儲蓄很可能是值得的。

但問題仍然存在：低收入勞工的儲蓄能力有限，往往不具備必要的財務技能，而且不能受惠於高收入養老金儲蓄者可以利用的租稅獎勵。我們可以如何將他們納入養老金體系？一些國家，例如紐西蘭，提供獎勵鼓勵勞工參加養老金計畫，例如提供配對提撥（matching contributions）或初始獎金。但是，將人們納入養老金體系最有效的方法之一很簡單，就是使人們自動參加養老金計畫。自動參加，是以加入養老金計畫作為預設選項，而當事人稍後可以選擇退出。採用這種做法的國

家，例如巴西、德國、紐西蘭、波蘭、俄羅斯、土耳其和英國，養老金參與率全都大幅上升。在美國，參加自願性質的公司養老金計畫，被設為預設選項，養老金參與率隨後倍增。智利更進一步，強制要求國民參加養老金計畫。在自動參加的制度下，多數勞工會留在養老金計畫裡（尤其如果法規強制要求雇主也出錢的話），因為加入很容易，而且有財務誘因鼓勵勞工不要退出。有些養老金計畫容許勞工定期增加提撥，或將未來加薪幅度的一部分，自動轉為養老金儲蓄，它們也很成功。[10]

　　本書第5章談到靈活的就業安排迅速增加的問題，這也是養老金制度必須調整適應的一種情況。多數人的退休儲蓄不足，而自雇者、兼職工作者和短期約聘人員，尤其容易受此困擾。這些類別的勞工往往是女性、年輕人、老年人或低收入者。將彈性工作者納入養老金體系，可以使更多人為養老金計畫貢獻資金。除此之外，如果我們要求雇用彈性工作者的公司負擔他們的養老金提撥，我們還可以削弱雇主純粹為了節省這項成本而使用非標準勞動契約的動機。但是，為了使自雇具有吸引力，從而削弱非正式經濟部門工作的誘惑，許多國家不要求自雇者加入基於收入的養老金計畫（澳洲、丹麥、德國、日本、墨西哥、荷蘭），或容許他們選擇較低的提撥，結果這些人年老時領到的養老金比較少（加拿大、法國、義大利、南韓、挪威、波蘭、斯洛維尼亞、瑞典、瑞士、美國。）[11]

　　更加包容的養老金制度，會把彈性工作者自動納入

自願性質的養老金計畫，要求雇用他們的公司為他們的養老金出錢，就像這些公司為其他員工所做的那樣。這對兼職人員和臨時工來說相當簡單，但對自雇者來說比較複雜，因為他們沒有雇用契約，可能為許多不同的雇主工作。一種選擇是要求自雇者同時負擔雇員和雇主的養老金提撥（但這會降低自雇的吸引力）；另一種選擇是由國家負擔收入很低的自雇者的養老金提撥，藉此鼓勵他們為退休儲蓄。長遠而言，養老金制度在覆蓋範圍、提撥和權利方面，對傳統勞工和彈性工作者大致一視同仁是有道理的，原因包括這可以減少與老年貧困有關的風險，確保公平，更有效地集體分擔風險，以及使勞工可以更自由地游移於不同的就業類型。

增加為養老金計畫出錢的勞工的另一種方法很簡單，就是設法使更多人投入勞動。第2章談到，隨著更多女孩接受教育、社會規範改變和托兒服務增加，世界各地的女性勞動參與率普遍提高。人口快速老化的國家如日本，正積極鼓勵更多女性投入勞動市場，辦法包括增加托兒服務，以及改變稅制中鼓勵女性放棄工作的一些規定。[12] 取消歧視性的政策，以及投入資源改善照顧兒童和老人的服務，藉此支持女性持續就業，可使養老金制度變得更可持續。此外，外來移民是養老金制度的重要新貢獻者，他們占美國新增勞動力65％，在歐盟更是高達92％。[13] 當然，接收外來移民會有社會和政治後果，但這可以成為解決方案的一部分，因為這可以使為養老金體系作出貢獻的年輕勞工增加。

分擔風險和提高退休彈性

多數人儲蓄不足。針對140個國家的調查顯示，先進經濟體一半的成年人和開發中國家84％的成年人，沒有為老年生活儲蓄。[14]好在隨著網路銀行、新儲蓄商品和低費用的機器人理財顧問普及，儲蓄機會已經大大增加。

助推（nudge）手段也被有效地用於促進儲蓄。例如在肯亞，一個鼓勵非正式部門勞工儲蓄的實驗，試用了三種不同的介入措施，藉此了解哪一種措施效果最好；三種措施包括簡訊提醒，措詞像是來自參與者的孩子；利用一個金幣圖案，為參與者提供追蹤每週儲蓄情況的方法；以及提供獎勵，使參與者的儲蓄增加10～20％。有趣的是，金幣圖案使平均儲蓄率增加一倍，比簡訊或財務獎勵更有效。[15]在菲律賓，一項介入措施利用一個廣為人知的心理現象：人類害怕損失和渴望避免損失的傾向，比尋求和享受同等利益的傾向更強烈。參與者作出儲蓄承諾，未能達成目標會受到懲罰，這導致儲蓄增加81％。儲蓄決定極受心理因素影響，而這些例子說明了干預人們的行為如何有助達成目標。

不過，許多人根本不想在投資決策方面承擔很多責任，卻又希望退休收入可以比較確定。若干國家，包括加拿大、丹麥和荷蘭，已經研究出一種可以滿足這種需求的退休金計畫。集體型確定提撥計畫以勞工和雇主貢獻的提撥為基礎，所有資金納入一個共同的投資組合，不會為每一個人安排各自的投資組合。這麼做的好處

是：投資風險分散到更多人身上，資產價值波動和管理費用得以降低。一項研究發現，過去50年如果採用集體型計畫，可以穩定提供相當於工資28％的養老金，而一般的確定提撥計畫提供的養老金，則介於工資的17％至61％之間。[16]

集體型確定提撥計畫可能不適合年輕的勞工，因為他們在工作生涯的早期，通常偏好風險較高的投資組合。集體型計畫的最高報酬也比較低，但另一方面，報酬率非常低的可能性則低得多。另一個好處是：在一般的確定提撥計畫下，隨著個人年齡增長，通常會建議他們減持高報酬但高風險的股票，增持比較安全但低報酬的債券，而在集體型計畫中，這是不必要的。此外，在集體型計畫下，勞工退休剛好遇到金融市場表現不佳，以致養老金受到不利影響的風險也有所降低。

一如職業生涯已經變得比較像爬樹而非爬梯子，退休也應該是這樣。對許多人來說，從全職工作突然完全退休是不可取的；這麼做的死亡風險相當高，尤其是對男性來說，這並不令人意外。與其在65歲時，從職業階梯上跳下來，不如逐步從樹上爬下來。養老金計畫應該容許人們分階段退休，完全退休前可以做彈性工作或兼職工作，不會因此使養老金安排受到不利影響。例如在瑞典，到了退休年齡的人，可以領取全部、75％、50％或25％的養老金，甚至可以完全不領取。留下來的養老金將繼續成長，如果這個人繼續工作，可以繼續提撥收入到養老金帳戶裡，使自己更年邁時獲得更多收入。

多數勞工表示,他們希望完全退休前能有一段過渡期,包括可以做兼職一段時間,但很少雇主提供這種選擇。[17] 廢除強制退休年齡,引進彈性工作時間和地點,包括容許在家工作,以及推行第5章所講的年長勞工終身學習計畫,都有助延長對生產有貢獻的工作壽命。[18]

假以時日,年長勞工的收入來源,料將變得比較多元化,包括國家提供的基本養老金、雇主提供的自願性質的養老金、個人儲蓄,以及兼職工作。圖13呈現各國年長者已經相當多樣的收入來源。在法國、義大利和德國,65歲以上國民的大部分收入來自國家。在土耳其,雇主提供的養老金是年長者最重要的收入。在智利、南韓和墨西哥等國家,65歲以上民眾最大比例的收入來自繼續工作。老年收入多元化的情況,應該將會越來越普遍。

誰來照顧老人?

當年在埃及,我祖母主持一個多代同堂的家庭,它是一個龐大家族的中心。午餐時間是從下午約2點(祖母喜歡在這時候吃飯)到6點左右,先是孫子和曾孫放學回家,後來是大人下班回家。祖母的17個兄弟姐妹或他們的子孫,有時會跟我們一起吃飯。雖然有人幫助她,但祖母無疑是這個複雜家庭的主要管理者:她是解決衝突的首席外交官、家庭事務的主要發言人,以及所有重要活動的組織者。她喜歡家人的陪伴,但這伴隨著很多責任。她年老時,由她長年照顧的子孫照顧她。這種家庭模式,目前仍存在於世上某些地方,雖然正日益

圖13　退休人士有多種收入來源

65歲以上民眾的收入來源

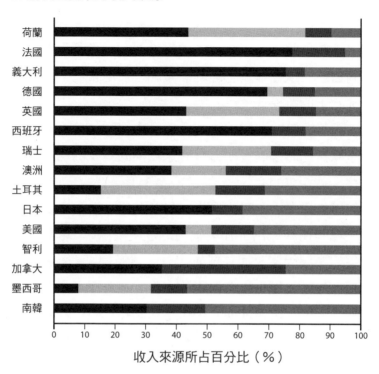

收入來源所占百分比（%）

■ 公共移轉支付　■ 職業移轉支付　■ 資本　■ 工作

被核心家庭和老人獨立生活的模式取代。

　　我們已經討論了如何在經濟上支持那些無法工作的人，現在來討論老年的第二個挑戰：照顧那些已經無法獨立生活的人。一如本章開頭指出，所有社會的老人在歷史上大部分時期，都主要是由他們家裡的女性照顧，而且目前世界上大部分地區仍是這樣。但是，隨著家庭規模縮小，越來越多女性進入勞動市場，老年人及其子

女的對養老問題的想法改變，以及人口老化延長了老人
需要照顧的時間，許多人正勉力應付照顧老人的問題。
日本正試驗以機器人為老人提供一系列服務。許多歐洲
國家正在為照護勞工移民當地提供便利。各國正在嘗試
共同居住、以社區為基礎的照護和「在地養老」（ageing
in place）的新模式。

隨著近年歐洲和美國許多年輕人發現，他們沒有能
力建立自己的家庭，西方核心家庭模式普及的趨勢已經
逆轉。截至2011年，歐盟18歲至34歲的人，高達48％
與父母一起生活。與此同時，在美國，18歲至34歲的人
與父母同住的比例，升至36％的歷史高點。[19]驅動此一
現象的主要因素是居住成本上升，以及第5章所講的越
來越多年輕人從事沒有保障的工作。在經歷了嚴重經濟
困難的國家，例如2008年金融危機之後的義大利和西班
牙，「回力鏢子女」的比例特別高，因為許多年輕人失
業之後，被迫搬回老家與父母同住。與此同時，在許多
國家，租稅和房屋政策鼓勵民眾利用房屋淨值，作為養
老收入的來源，年長者於是一直在買房囤房，年輕人則
是必須得到父母幫助才買得起房子，因此就出現「租屋
世代」和「房東世代」的稱呼。

有趣的是，先進國家和開發中國家的家庭，都正面
臨類似的挑戰，因此被迫集合家人的收入和集體承擔風
險，藉此應對各種問題，包括經濟狀況不確定、工作和
養老金沒有保障、居住成本不斷上漲，以及積極推高房
屋自有率和發展社會住宅的政策已經逆轉。越來越多年

輕人在沒有父母幫助的情況下,沒有能力展開獨立生活。有些老人則因為養老金不足而被迫與子女一起生活,或成為房東以增加收入。面對這些壓力,像我祖母當年那種多代同堂的家庭,正成為一些家庭維持生活水準的一種方式。

儘管如此,展望未來數十年,許多老人(尤其是女性)將獨自生活。原因很簡單:我們越來越長壽。

在21世紀變老

在21世紀,長壽將是常態。目前男性活到85歲的機率為50%,到2100年時將升至75%,女性則將從64%升至83%。[20]在加拿大、法國、義大利、日本、英國和美國等國家,2000年之後出生的人(如我的孩子),將有50%的機會活到100歲。[21]

只要做得到,絕大多數老人都希望自己在家生活,或與家人一起生活。他們是否做得到,取決於他們老化的情況,以及他們在延長的壽命裡是否健康。越來越多有關老化的研究發現,多數老人在延長的壽命裡是健康的。[22]儘管如此,許多老人在洗澡或煮食之類的日常事務上需要幫助。晚年最可能不健康的人,是早年貧困的低收入者;換句話說,最可能需要幫助的人,是最負擔不起相關服務的人。雖然居家照護往往比機構式照護便宜(照護需求最迫切的人除外),但即使是基本的居家照護服務,低收入老人也往往負擔不起。[23]

多數先進經濟體為負擔不起的老年公民提供機構式

照護，多數開發中國家則是由家庭和社區承擔此一責任。未來的挑戰是制定一套政策，盡可能支持長時間的居家照護。這包括支持家庭成員照顧老人，支持專業照護人員進行家訪，以及更有創意地利用科技。非常重要的是，這也意味著我們必須更好地協調和整合醫療照護與老人照護，包括兩者的融資方式。在多數國家，老人照護與醫療體系是分開的，結果導致許多效率不彰的情況——最明顯的是許多老人在成本高昂的醫院病床上度過最後時光，而其實只要提供一些支援，他們留在家裡可以過得更好。[24]

這些政策對開發中國家越來越重要，尤其是在亞洲——這裡的人口正迅速老化，家庭對養老的支援則變得不如以往可靠，因為人們普遍減少生育，年輕人比以前更常離家發展，而且更多女性投入勞動市場。例如中國就已經引進支援居家照顧者的措施，包括提供培訓和經濟補助，而一些社區則為當地年長者提供膳食和住處。[25]

根本而言，在家養老要可行，我們必須將無償的照護工作，變成受重視和有報酬的工作，無論照護者是專業人員還是家庭成員。一些富裕的國家，例如荷蘭和北歐國家，會滿足所有國民的長期照護需求（不考慮當事人的收入水準），但多數國家是針對負擔不起的人提供公共援助。國家擴大援助、付錢給國民照顧自己的老年親人可能顯得奇怪，但相對於機構式照護，這種做法比較人道（對老人和照護者都是），而且更有效，成本也比較低。老人由親人照顧，可以減少孤獨感和憂鬱症

狀。[26]設計良好的長期照護系統還有一個好處：照護部門可以提供更多就業機會，同時使更多女性得以繼續工作，而她們將藉由納稅和提撥收入給養老金計畫，為照顧老人作出貢獻。

在所有國家，因為政府支援非正式照護者而得益最多的都是女性。[27]她們承擔了照顧老人的大部分負擔，包括因此損失收入和受更多精神健康問題困擾；諷刺的是，這導致她們自己年老時更可能陷入貧困。[28]支援非正式照護者的政策，例如提供現金給付、養老金補貼、安排替工以便非正式照護者休息，以及方便勞工照顧家人的彈性工作安排，都是有益的，對女性尤其有幫助。並不令人意外的是，長期照護系統經費最充裕的國家（例如荷蘭、丹麥、瑞典和瑞士），也是女性就業率最高、性別不平等程度最低的國家。

科技也可以幫上忙。第4章提到，利用智慧型裝置和可穿戴科技，提供遠距醫療和居家健康監測服務，可以為留在家裡的病人醫治許多疾病。日本正大力投資於「照護機器人」，以免像歐洲那樣必須藉由輸入移民引進大量照護勞工。照護機器人可以測量生命徵象、召喚緊急服務、提醒受照顧者吃藥或運動，甚至與受照顧者進行基本對話，[29]也可以偵測跌倒並求救。聲控技術和自動駕駛工具，可以幫助老人獨立操作設備並保持行動能力。在因應冠狀病毒流行而實施封鎖措施期間，我們看到科技應用如何幫助孤立的老人與親友保持聯繫。

雖然科技應用可以取代一些照護人力，但我們必須

輔以人際互動。如果我們要使更多老人可以獨立在家生活，就必須處理好孤獨的問題。日本已經發展出一些最有趣的模式：市政當局負責組織「沙龍」，為老人提供參與社交、文化、教育或體育活動的機會。研究顯示，參加沙龍可使長期照護需求減少一半、失智症發病率降低三分之一。[30]一些實驗安排老人和年輕人相聚，例如安排學童探訪老人院或將老人帶進教室，結果證實對老少都有益。[31]

死得有尊嚴

　　冠狀病毒大流行最糟的其中一點，是導致一些人在醫院孤獨地死去；如果可以選擇，他們無疑希望可以在家裡，與家人度過最後的時光。死在醫院往往涉及許多醫療程序，通常不能使臨終者活得比較好，只能勉強延長壽命。[32]站在社會契約的角度，此處的挑戰不在於降低成本（生命末期醫療費用高昂的問題，往往發生在慢性病患身上，而他們的預期壽命通常比較短），[33]而是如何成就善終——對多數人來說，善終是沒有痛苦的，而且死前有親人陪伴。事實上，許多國家正致力幫助民眾避免死在醫院，改為在家裡離世，必要時輔以安寧療護。2000年至2015年間，在美國聯邦醫療保險（Medicare）受益人中，死在醫院的比例從33％降至20％，在家或在社區去世的比例則從30％升至40％。[34]

　　事先了解臨終者的想法，可以大大增進他們及其家人的福祉。預立醫囑可以達成這個目的，除了減輕家人

的決策負擔，還能最大限度地減少法律糾紛和喪親者的創傷。預立醫囑除了有助降低住院率和改善心理結果，還有助提高當事人對照護品質的滿意度。儘管有這些好處，完成預立醫囑程序的成年人仍是少數。[35]在許多國家，談論死亡是一種禁忌，但助推措施或許能幫上忙，例如強制要求住院者預立醫囑。無論我們如何達成目標，在人口老化的社會，新的社會契約必須釐清有關臨終照護的重要問題。

養老負擔

相關預測通常顯示，養老成本將以極快的速度上升；這個問題已經引起顯著不安。根據目前的趨勢，預計到2100年時，醫療照護和養老金支出，將高達先進經濟體GDP的25％，開發中國家則是16％。[36]國家為了將四分之一的國民所得花在養老上，必須承擔的負債和課徵的賦稅，很可能將是不可持續的，這正是為什麼我們必須圍繞著養老問題制定新的社會契約。如果現在能夠做出明智的決定，我們就有可能以人道和可持續的方式，支持年長世代養老。如我們所見，這對那些已有大量老年人口、而且老人福利已經非常鞏固的先進經濟體將非常困難。對那些仍在建立養老金和照護體系的中低收入國家來說，主要的教訓是在老人福利的成本變得過度高昂之前，一開始就安排國民自動加入養老金計畫，並且以可持續性作為政策指導原則。

經濟上保障國民老年生活，將必須結合多種措施，

包括延長工作壽命、將退休年齡與預期壽命連動、國家提供最低限度的養老金、強制要求所有勞工（傳統勞工與彈性工作者）加入基於就業的養老金計畫，以及改善風險分攤方式。以所得稅或消費稅〔例如增值稅（VAT）〕，作為基本公共養老金的財源，可以比較公平地分攤成本。另一種選擇是針對萎縮中的勞動年齡人口加徵薪資稅，但這將不利於創造新就業機會。

人口老化也與利率降低有關，因為在經濟中的投資需求疲軟時，更大比例的人努力為退休養老儲蓄。在先進經濟體，尤其是日本和歐洲，人口老化近數十年可能導致實質利率降低了0.75～1.5個百分點，而且除非政策變化使投資誘因增強，這種影響很可能將持續下去。[37]低利率導致確定提撥型養老金計畫的投資報酬降低，並且使確定給付型計畫的償付能力受到考驗。另一方面，利率降低減輕了公共債務成本，使政府比較容易為公共支出融資，例如比較容易擴大公共投資以促進私人投資。

在照顧老人方面，家庭總將發揮重要作用，但社會必須提供支援，使家庭負擔得起照顧老人。日本推出該國的長期照護保險計畫時，宣傳口號是：「從家庭照護轉為社會照護。」[38]各國政府在老人照護方面的支出差異很大：在人口迅速老化的日本，相關支出相當於GDP的2％；義大利則只有約0.5％，澳洲甚至更低，因為這些國家主要靠家庭照顧老人，或費用由個人買單。[39]老人照護費用應該如何支付？照護費用是非常不可預料的（我那活到94歲的祖父就發現是這樣），因此非常適合利用

保險集體承擔風險，無論是透過國家或私營市場去做。[40]

現實中有三種模式。北歐國家以稅收支持普及的老人照護體系，無論國民收入如何，都提供全面的照護服務。第二種做法是利用專門的社會保險計畫，在照護費用方面為國民提供全面保障（荷蘭、日本）或部分保障（南韓、德國）。例如在日本，多數人只需要支付居家照護費用的10％（每月支付的金額設有上限），高收入者則支付20％。第三種選擇是國家提供現金給付，滿足國民的照護需求，這是義大利的做法。英國和美國採用這種模式的一種變體：現金給付集中提供給最窮的人，有錢人通常必須自己支付照護費用。開發中國家則往往沒有集體承擔風險的安排，老人照護費用以非正式方式買單，也就是由家庭成員自行承擔。

一如養老金，長期照護要有可持續的財源，關鍵在於擴大繳費基礎。例如在日本和德國，人人都有義務繳費給公共資助的照護保險計畫，包括勞動人口和退休人士。照護保險的私營市場運作得不是很好，因為那些知道自己很可能將需要照護的人比較可能投保，結果是保險公司無利可圖，而且多數人對照護的長期成本相當短視。德國是第一個強制要求國民在私營市場購買照護保險的國家；日本也已經效法，強制要求40歲以上的人投保；新加坡則安排國民自動加入照護保險計畫，但可以選擇退出。人口老化的其他國家，可能必須考慮強制要求國民購買老年照護保險。

老年將占我們所有人的人生更大一部分。本章設想

的新社會契約，將確保那些做得到的人延長工作壽命，藉此換取更大的養老保障，而且制度將使他們能夠盡可能留在家裡獨立生活。至於那些無法再獨立生活的人，照顧他們的責任，將從主要由家裡的女性承擔，轉為由社會裡所有人分擔。老年生活貧困和沒有保障的風險，將因為所有人共同承擔支持長者養老的責任而得以消除。畢竟上一代養育我們，並且建立了支持我們現在發揮生產力的基礎設施和制度 —— 這個重要因素，是我們考慮代際社會契約時必須謹記的。

7

世代之間

想想這個問題：你想當個賺取社會平均收入的現代人，還是在中世紀賺取同樣收入、享有相當於當時富裕地主的生活？多數人會選擇留在現代，而非回到中世紀。為什麼？因為即使在現代僅賺取平均收入，現代生活的許多好處和便利（從醫藥、社會自由、室內水電到行動通訊），仍勝過在古代擁有土地和奴隸可以得到的好處。由此看來，站在跨世代的角度，我們的社會契約是成功的，因為現在多數人的生活比他們的遠祖好得多。事實上，我們生於何時（及何地），很可能是決定我們享有怎樣的生活水準和機會的最重要因素。

然而，儘管取得這種跨世代的成就，如今在許多國家，年輕人對他們所繼承的世界狀態相當憤怒，也不相信進步是必然的。這種憤怒有兩個方面。[1]首先，一些國家的年輕人對嬰兒潮世代（二戰結束後至1960年代初出生的人）所做的決定非常不滿，因為這些決定導致現在

許多年輕人負擔不起的教育和房屋，而且未來的收入沒有保障。換句話說，他們不滿目前在世的多個世代之間的資源和機會分配。第二，年輕人也擔心過去一個世紀人類所做的決定，將會危害地球的未來。這是關於活到現在的人與未來的人（包括未出生者）之間的資源和機會分配。這兩個問題，我們都經由社會契約調解。

在家庭的層面，世代之間的「社會契約」容易理解。父母培養孩子，希望他們有能力和辦法過好生活；孩子希望父母能安享晚年。父母若有能力，可能會留下一些遺產，使子孫享有更多可能；與此同時，子女往往會在父母年邁時，照顧和供養他們。另一方面，父母當然都不希望留下債務給子女。在一些地方，例如古美索不達米亞和封建時代的英格蘭，子女可能必須為父母留下的債務負責，如今世界各地已經禁止這種做法。[2]

在社會的層面，世代之間的社會契約比較複雜。我們留給未來世代的東西有許多方面，包括人類累積的知識和文化、發明、基礎設施、制度，以及自然界的狀態。當前和未來世代享有的東西，很大程度上要歸功於祖先的努力：他們投資於教育、發明各種技術、建立制度和創造財富的企業，也有可能曾經為民族獨立和自由作戰。多數人認為，對那些我們永遠不會見到的未來世代，我們也有責任，而每一代人應該使下一代人至少可以生活得一樣好，最好當然是可以生活得更好。

本章將從生活水準、債務和環境遺產三方面，檢視社會契約的跨世代表現，並且討論我們必須改變哪些東

西，才可以彌合現存世代之間的裂縫，以及共同履行我們對未來世代的義務。

生活水準：世代之間和國家之間的差異

在巴西、中國、印度和南非等新興市場國家，多數人認為下一代的生活會好過他們的父母（圖14）。與此形成鮮明對比的是，在法國、德國、義大利、南韓和英國這些比較富裕的國家，多數人認為下一代的生活會不如他們的父母。

在開發中國家，經濟成長率比較高，技術追趕空間仍大，人口仍然年輕，能夠受惠於人口紅利（因為多數人口處於工作年齡而可能產生的經濟成長。）這些都是期望年輕人確實比上一代生活得更好的好理由，但在先進經濟體，年輕人的前景截然不同。嬰兒潮世代受惠於長達數十年的持續經濟成長、有保障的工作和福利，以及衛生和社會條件的重大改善。X世代（1966～1980年間出生的人）和千禧世代（1981～2000年間出生的人）面臨的世界是就業安排變得比較靈活和沒有保障（如第5章所述）、房價上漲，以及2008年金融危機之後許多國家經歷了財政緊縮時期，社會支出顯著減少。許多人雖然只有二十幾歲，但已經因為學貸和信用卡而背負沉重的債務，獲得房屋抵押貸款或成家的能力因此受限。與此同時，Z世代（2000年之後出生的人）走在青年抗議氣候變遷的最前線。前幾代人經歷的收入成長和養老保障增強的趨勢已經停滯，在一些國家甚至已經逆轉。在

圖14 年輕人的生活會比他們的父母好還是差？

各國受訪者對下列問題的回應：你認為現今年輕人的生活，
將會比他們的父母好一些、差一些，還是差不多？

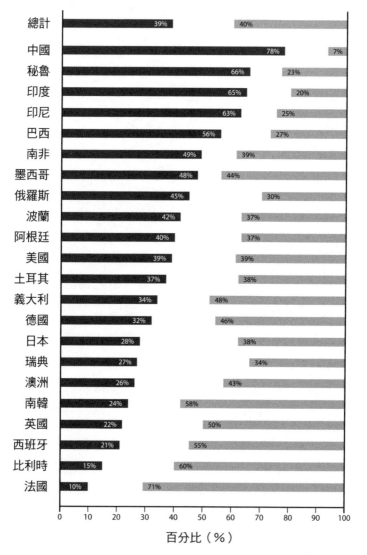

百分比（%）

■ 比較好　■ 比較差

先進經濟體，貧困風險正從老年人轉移到年輕人身上。[3]

在許多先進經濟體，對年輕人前景的悲觀看法，並非只是基於總體經濟趨勢，還基於日常生活經驗。在幾乎所有先進經濟體，相對於他們的前輩在相同年齡的情況，千禧世代和X世代的實質收入好不了多少（或甚至變差了），而且他們年輕時背負的債務負擔，顯著重於他們的父母年輕時。[4]在英國和受歐元區危機嚴重打擊的國家（如希臘、義大利和西班牙），年輕人前景惡化的問題尤其嚴重。北歐國家是突出的例外，它們能使下一代享有實質收入成長和更好的生活。

公債：未來世代的負擔

雖然父母不能再把他們的債務留給子女，社會確實會把政府債務留給年輕世代——這些公債必須靠未來的稅收償還。[5]如果這些債務是用來為提高生產能力融資，例如投資於教育、新技術和更好的基礎設施，這些投資造就的收入成長，應將使債務容易償還。但如果公共債務被用來支持不可持續的消費或低報酬的大白象建設，未來世代將背上額外的負擔。

2008年金融危機爆發後，許多先進經濟體為了緩和當時嚴重的經濟衰退，累積了可觀的債務。它們的公共債務因此增至相當於年度GDP的50％至90％；日本和義大利是重要的例外，它們的公債對GDP比率遠遠超過100％。與此同時，許多開發中國家把握非常低的利率，在全球資本市場積極舉債。因為許多投資人在低利

率世界裡亟欲獲得較高的報酬，他們樂於借錢給許多非洲、亞洲和拉丁美洲國家，結果這些國家的舉債機會大大增加，而且借款條件空前優惠。

　　但是，在冠狀病毒危機爆發時，許多人已經開始擔心各國積累的巨債，將使未來世代背負沉重的償債負擔。因為這場病毒危機，先進國家和開發中國家的負債均大增，達到人類歷史上前所未有的水準，超過了二戰之後的水準。先進經濟體大量舉債，以抵禦瘟疫對經濟的衝擊。因為利率非常低，償還這些債務目前看來是可承受的。開發中國家沒辦法借那麼多錢，一些低收入國家受惠於暫停償債，但當前形勢是嚴峻的（圖15）。日本、義

圖15　許多國家的負債很高

負債對GDP的比率

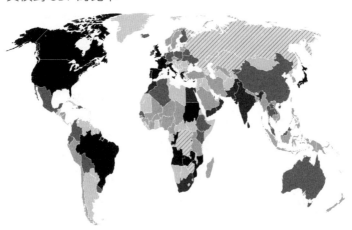

■ 100%以上　■ 75%～100%　■ 50%～75%　■ 25%～50%　▨ 低於25%
▨ 沒有數據

大利、希臘、委內瑞拉和黎巴嫩等國家的政府負債,高達經濟年產出兩倍以上。這些國家的年輕人,將動用他們相當大一部分的未來收入,償還政府累積的債務。

顯而易見的問題是:未來世代將如何償還這些債務?歷史經驗顯示,各國利用三種策略應付高負債:加快經濟成長;藉由加稅或削減公共開支厲行撙節;人為壓低利率,容許通膨保持較高的水準——經濟學家稱為「金融壓迫」(financial repression)。金融壓迫策略懲罰儲蓄者和私營部門,迫使所有人承受較高的通貨膨脹,以減輕債務人和政府的債務負擔。

加快經濟成長顯然最吸引人,但也難以達成。當年我在IMF工作時,我們花很多時間評估各國能否償還債務。我們發現,經濟成長率即使只是小幅改變,增加或減少0.5個百分點,也會對債務可持續性產生巨大影響,主要是因為複利的力量。本書概述的許多政策,包括增加教育投資、幫助婦女投入勞動市場和延長工作壽命,將有助提高未來的經濟成長和生產力,使未來世代更有可能承擔得起這些債務。

另外兩種策略:撙節和利用通膨減輕債務負擔,都沒有吸引力。冠狀病毒大流行爆發後,多數國家的政府面臨增加支出的壓力,尤其是必須花更多錢在醫療上,以及處理這場瘟疫所暴露的不平等問題。此外,在金融市場全球化的世界裡,金融壓迫較難策劃。但值得慶幸的是,利率料將保持在低位,使得這些債務較容易償還。因此,或許我們暫時還可以承擔這種高負債,但我

們必須明智地投資，使未來世代能夠在經濟上蓬勃發展，因為唯有如此，他們才會有能力還清我們的債務。

環境繼承

有關每一代人繼承了什麼東西，經濟學家傾向著眼於決定一國生產能力（或財富）的三大類資本：人力資本（受過教育的人，以及他們創造的制度和社會結構）；生產性資本（技術、機器、基礎設施）；以及自然資本（土地、氣候、生物多樣性）。人力資本和生產性資本的變化，往往是可逆轉的（人們可能改變想法，隨著時間的推移，增加或減少投資），但自然資本的變化，可能是不可逆轉的。一旦某個物種滅絕或某條冰川消失，或許就不可能復原；因此，我們消耗自然資本時，應該考慮這種滅絕風險，包括高度相互依賴的生態系統會受到什麼影響。

氣候方面，我們知道我們留給下一代的是已經顯著變熱的地球。科學家們估計，人類的活動已經使地球的氣溫，比工業化之前上升約1°C。[6]這將持續多個世紀，對地球的未來有何影響非常不確定，而暖化可能產生的複合效應更是不確定。我們確實知道的是，暖化的影響往往以風暴、洪水、乾旱、沙漠化、海洋酸化和海平面上升等形式，藉由地球上的水使我們感受到。這一切，對自然和人類的福祉都有影響。

我們還知道，我們留給下一代的是生物多樣性受損的地球，而且目前這種損失發生的速度，是人類有史以

來最快的。現在的物種滅絕率，比過去數百萬年的平均水準高100至1,000倍。平均而言，過去四十年間，哺乳動物、鳥類、魚類、爬蟲類和兩棲動物的種類減少了60％，大約100萬個動物和植物物種面臨滅絕威脅。[7]

有關我們如何管理資本或財富的代際傳承，純粹的經濟分析會怎麼說？回答這個問題的方法之一，是測量我們留給未來世代多少資本，以及這些資本假以時日的變化。圖16呈現1992年至2014年間140個國家的情況。[8]它顯示，未來世代人均繼承的生產性資本增加了一倍，人力資本增加了13％，但自然資本減少40％。這種情況能否使未來世代生活得更好？

從世界各地年輕人的行動看來，他們並不認為自己

圖16　全球繼承的生產性、人力和自然資本

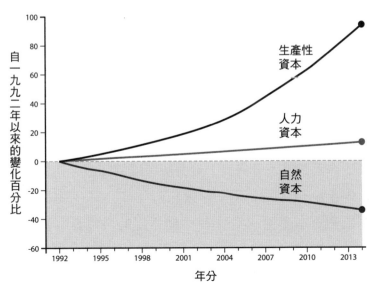

會有更好的生活。2019年9月20日，在倫敦的氣候罷課活動中，一名學生抗議者拿著的標語牌上寫著：「你們將死於年老，我們將死於氣候變遷。」在世界各地超過150個國家，有心人發起2,500次抗議活動，要求以行動回應環境問題。抗議者多數為蹺課參加的年輕人，有些人每週都這麼做，藉此響應瑞典環保少女格蕾塔・童貝里（Greta Thunberg）發起的「週五拚未來」運動（Fridays for Future）。這可能是許多年輕人認為年長世代正在偷走他們的未來的最明顯表達，但這種批評公平嗎？

純粹的經濟分析會這麼問：我們留給未來世代的人力和物質資本，是否足以補償他們在自然環境方面承受的損失？又或者這麼問：我們是否過度投資於人力和物質資本，但在自然資本方面投資不足？對經濟學家來說，關鍵問題是自然環境的大部分價值，並沒有反映在市場價格上。在許多地方，人們可以汙染河流、砍伐森林或排放溫室氣體，幾乎完全不必付出代價，對自然的投資因此傾向不足，因為這種投資的報酬不會出現在基於市場的計算中。那麼，我們可以如何衡量自然資本產生的報酬？

經濟學家帕薩・達斯古普塔（Partha Dasgupta）在環境方面做了大量研究，致力解答這個問題。他根據地球的生物量（biomass）存量和每年產生的生物量，估算自然資本產生的報酬率。[9]他得出的自然資本報酬率約為每年19％，遠高於生產性資本（例如房屋和公司股票）的平均報酬率5％。根據這些估計，人類世界長期

過度投資於生產性資本，對自然資本則是投資不足，而如果正確衡量環境對社會的真正價值，自然資本的報酬率會高得多。達斯古普塔還認為，投資於環境可以降低變異性和不確定性，而這種作用涵蓋其他投資的報酬。例如，擁有更多種類的熊蜂有助分散風險，為地球的生態系統提供一種保險。

對代際社會契約的全面評估會得出這種結論：我們以知識、技術、基礎設施和制度等形式，留給未來世代豐富的人力資本和物質財富，但我們也留給他們受創的自然環境，使他們面臨氣候和生物多樣性方面的嚴重後果。在先進經濟體，我們也正看到種種跡象顯示，生活水準改善的速度已經放慢，未來世代可能不會像之前幾代人那樣享受到各種進步。此外，為了應對冠狀病毒大流行和人口老化，所有國家都在積累債務，未來世代將因此承受壓力。比較可持續的代際社會契約會是怎樣的？

界定代際社會契約的可持續性

有關當前世代與未來世代之間可持續的社會契約，已經有許多人提出定義。1987年，聯合國為了促進全球永續發展而設立的布倫特蘭委員會（Brundtland Commission）認為，「永續發展就是既能滿足現在的需求，又不會損害未來世代滿足自身需求的能力。」[10]四年後，經濟學家羅伯特・梭羅（Robert Solow）寫道：「永續發展禁止我們為了滿足自己，使子孫後代陷入貧困。」[11]因為事關當前世代與未來世代之間的福祉分

配，永續發展涉及權衡當前消費相對於投資造福未來世代的得失。問題是未來世代在目前的市場或政治體系中沒有代表，也無法參與談判以保護他們在社會契約中的利益。

那麼，社會契約應該如何顧及尚未出生的人？道德哲學家傾向認為，我們應該對未來世代和當前世代的福祉同等重視，否則我們就是根據人們何時出生予以差別待遇。經濟學家則通常持不同看法：在權衡行動方案的成本與效益時，他們傾向重視當前世代甚於未來世代。採用經濟學的說法就是：他們考慮未來世代的收入時，會以某個折現率算出現值，使未來世代的收入打了某個折扣；如此一來，未來的利益就沒有現在的利益那麼重要。[12]

支持採用這種社會折現率的人認為，未來世代將會比我們富裕，而且將能利用我們甚至無法想像的許多技術——回顧過去數千年的人類歷史，情況確實如此。他們還認為，現在有許多窮人，不應該要求他們為了那些尚未存在的人的假想福利作出犧牲。反對者則認為，折現導致未來世代的選擇（甚至可能是生存本身）過度受限，當前世代造成的一些損失可能是無可彌補和不可逆轉的，而且涉及遙遠未來的決定，必須考慮太多的風險和不確定性。

有關未來世代的收入是否應該折現考慮，雖然似乎是道煩瑣深奧的經濟問題，但對決定應對氣候變遷的行動有多急迫卻至關重要。[13] 下列我將利用棉花糖、果醬和游泳池的例子，說明關於折現的辯論。

　　在史丹佛大學1972年的一項著名實驗中，參與實驗的孩子被單獨留在一個房間裡，面前有一顆棉花糖；他們被告知，如果可以忍住不吃棉花糖，等待15分鐘，將會得到第二顆棉花糖。[14]這些三至五歲的孩子往往坐立不安，有些會摀住眼睛，試圖分散注意力以抵抗誘惑。那些在實驗中能夠延後滿足吃糖欲望的孩子，後來被發現可以取得比較高的考試分數。我們或許可以說，這些孩子重視未來的消費甚於即時滿足，他們用來評估未來利益的折現率，低於那些馬上吃掉棉花糖的孩子。針對本節討論的問題，這項實驗的教訓是：那些能夠抑制自己的人，最終可以使自己過得更好，尤其如果他們懂得做高報酬的投資，例如等待15分鐘以便可以吃雙倍的棉花糖，或是投資在教育或基礎建設上以造福未來世代。

　　現在來談果醬。在路易斯・卡洛爾（Lewis Carroll）1871年出版的《愛麗絲鏡中奇遇》中，白皇后向愛麗絲承諾「每隔一天會有果醬」，但這個承諾是假的，因為「規則是明天有果醬，昨天有果醬，但今天永遠不會有果醬。」[15]20世紀偉大的經濟學家凱因斯，以這個故事說明執迷於未來的危險：「『意圖堅定』的人，總是試圖將他在自身行為中的利益推向未來，藉此為其行為取得一種虛妄的不朽性。他不愛他的貓，而是愛他的貓所生的小貓；其實他也不愛小貓，而是愛小貓所生的小貓，就這樣一直推向未來，直到貓王國的盡頭。對他來說，果醬不是果醬，除非是明天的果醬，總之絕對不能是今天的果醬。」[16]

這裡的教訓是：要求人們，尤其是有迫切需求需要滿足的窮人，現在犧牲一些東西，可能根本違背我們的經濟的宗旨，因為經濟的宗旨是確保人人都有足夠的資源，過有尊嚴的生活。凱因斯認為，過度儲蓄可能導致經濟停滯，而現在增加消費，有時是避免經濟災難的最好辦法。

最後，我們來談游泳池。1992年，我在為世界銀行做關於環境的第一份重要報告時，同事間曾討論游泳池是否可以成為湖泊的替代物。游泳池顯然可以提供湖泊所提供的一些東西，例如一種供人類游泳和娛樂的場所，但無法替代湖泊的其他功能，例如為野生生物提供一個生態系統、流域或一個儲存淡水的所在。換句話說，有些東西容易找到替代品，例如我們倘若耗盡世界上所有的銅，可以找到特性足夠相似的其他材料作為替代品。但有些東西不容易找到替代品，又或者我們為了它們的內在價值而希望留住它們；在這種情況下，我們應該採用不同的思考方式。這裡的教訓是：我們繼承了一定的資源，我們應該追求的並不是留給下一代完全一樣的資源，而是留給他們一組相似的機會。

我們可以從這些關於棉花糖、果醬和游泳池的故事中，得出什麼結論？歷史告訴我們，基於未來世代很可能將比我們富裕做折現分析是合理的，即使我們認為主張未來世代的福祉不如比我們的福祉重要〔經濟學家稱為「純時間折現」（pure-time discounting）〕是不合理的；公平的社會契約，不應該根據我們生活於什麼年代

而予以差別待遇。儘管如此，為了在綠色技術等領域做高報酬的投資而抑制自己是合理的，因為這可以使我們未來有更多棉花糖可以享用。與此同時，如果不這麼做就會有人挨餓，那麼今天就應該吃掉一些果醬。雖然我們應該追求同時代和跨時代的福利機會平等，但如果我們相信產品和服務可以相互替代，這些機會的性質可能會有所改變。簡而言之，我們應該今天吃一些果醬，將棉花糖延到明天吃，並認識到游泳池的功能是有限的。

　　當然，無可避免的關鍵問題是，我們不知道未來世代渴望什麼樣的機會或可以利用什麼樣的技術，所以現在為他們做決定，必然涉及大量的不確定因素。在這種情況下，最好的做法通常是：留給未來世代選擇的餘地，而且所做的抉擇已經顧及未來可能發生的多種不同情況。我們在做非常長遠的決定時，最好是根據各種道德和現實面假設加以檢驗。[17]例如，我們可以根據有關未來技術進步或災難性事件風險的不同設想檢驗決策。如果我們並未掌握所有必要的資訊，並不充分了解未來的偏好和潛在結果，而且希望避免不可逆轉的損失，這種防患未然的做法就是合理的。

　　我們選擇在哪裡畫線，某種程度上取決於我們當前的情況。例如想想這個問題：現在還有那麼多人生活貧困，要求當前世代為未來作出犧牲是否公平？許多開發中國家認為，人類過去破壞環境，使先進經濟體得以積累財富，富裕國家因此應該承擔起解決問題的責任。但是，雖然我們現在就必須滿足當前窮人的迫切需求，這

絕對不是逃避應對氣候風險的藉口。因為各國貧富有別,對環境退化有多大責任也顯著不同,解決方案在於找到公平的方式分攤負擔。[18] 如何公平地分攤負擔,是氣候變遷談判的核心問題,而許多比較有效的解決方案,涉及將資源從富裕國家轉移到窮國,以便以較低的成本減少排放溫室氣體。[19]

糾正環境破壞

想像一下,你的曾祖父母從過去穿越到現在來見你。他們極有可能認為,他們留下一個不錯的世界給我們。我們擁有的物質財富多到他們難以想像;現在面臨飢餓和貧困風險的人比以前少得多;我們獲得資訊和教育的機會比以前多得多;我們多數人享有的政治和社會自由,是曾祖父母那一代會羨慕的。他們那一代可能會對戰爭害死很多人、大量森林和物種毀滅、地球暖化造成氣候風險感到遺憾,但整體而言,他們會認為他們留給我們的世界,好過他們繼承的世界。

那麼,如果我們穿越到未來去見我們的曾孫,我們會說什麼?在教育和物質資本方面,我們繼續積極投資,因此大有進步,尤其是開發中國家。但是,我們在自然資本方面很可能投資不足,先進經濟體尤其如此,而世界各地都有過度消耗自然資源的問題。對未來世代大有幫助的新技術和新技能可以彌補部分損失,但自然資本的某些損失必須逆轉,以保障未來世代的福祉,尤其是在我們可能面臨臨界點和不可逆損失的領域。現在

許多年輕人顯然認同這種看法，也擁護環境行動主義。

　　糾正我們造成的環境破壞的議程是明確的。首先，我們應該像希波克拉底誓言所強調的那樣，盡量不造成傷害──就環境而言，是盡量不造成更多傷害。目前，世界各國政府提供大量補貼，積極鼓勵人們為了農業、用水、漁業和化石燃料而開發環境，每年金額高達4～6兆美元。[20]這種補貼意味著消耗自然資源不但免費，實際上還是納稅人付錢鼓勵人們去做的事！第二，我們必須在生物圈的保育和復育方面增加投資，例如積極植樹。[21]目前全球花在保育上的公共和私人支出約為910億美元，不到對環境有害的補貼的0.02％。[22]即使增加保育支出50倍，也只是破壞環境的補貼的1％；如果能夠取消這種補貼，我們將有大量資源投入其他用途。

　　第三步是正確衡量事物：如果市場價格並不反映環境對人類的真正價值，我們就必須以其他方法，將它納入我們的評估和決策中。現在已經有成熟的方法，可以衡量環境影響，並將它適當納入國民會計帳。[23]如果我們衡量事物和替其訂價的方式不恰當，市場本身就會鼓勵人們過度消耗自然資本。企業將傾向開發技術，節省它們必須付費的東西（例如勞動力），同時因為不必付出代價而過度開發自然資源，結果可能汙染空氣、造成擁塞和破壞生物多樣的棲地。同樣道理，如果我們以GDP為衡量成功的唯一標準，而不考慮較廣泛的標準，例如民眾的福祉和能力，我們也可能會誤入歧途。

　　正確衡量事物，包括考慮自然對我們的各種貢獻。

以鯨魚為例，牠們是引人注目的動物，在海洋生態系統中顯然有重要角色，此外還發揮顯著的碳捕集功能。IMF估計，每一隻活著的鯨魚在這方面提供的服務價值達200萬美元（每頭森林大象在這方面的價值則是176萬美元。）[24] 全球鯨魚的數量若能復原，碳捕集作用將等同種植20億棵樹。大自然就是世上最好的碳捕集技術，如果我們適當考慮自然對我們的貢獻，將能作出更好的投資。

英國威爾斯已經發展出一種有趣的方式來考慮這些價值：它任命了世上第一位「未來世代部長」。[25] 這位部長的工作是：監督政府在交通、能源和教育等領域的政策，確保顧及未出生者的利益。例如，紐波特市（Newport）附近修建一條道路的計畫就受到質疑，因為可能顯著影響生物多樣性和公共債務負擔。雖然這位部長不能推翻決定，但是可以為被忽視者發言，確保重要問題得到處理。

糾正環境破壞的第四步是利用財政政策，也就是借助政府課稅和花錢的權力，改變左右公眾行為的誘因，從而真正修復環境。例如課徵碳稅，就是減少溫室氣體排放顯而易見的一種方法，而且可以替代其他稅項，以免加重國民整體稅負。政府如果這麼做，必須適當補償因此利益受損的低收入民眾（法國總統馬克宏正是因為忽視這一點而受黃背心運動困擾。）第8章將較詳細討論碳稅的潛在作用。

財政政策也可以用來補貼綠色技術。這種補貼已經

促進許多再生能源技術的開發，包括太陽能和風能——
它們在商業上已經成功，目前正加快綠色能源轉型的速
度，而且使這種轉型變得更可負擔。未來世代也將感受
到這些投資的好處，因為他們在保護自然資本方面將享
有更多選擇。但近期而言，我們仍有機會作出實質貢
獻，辦法是未來二十年投資超過100兆美元在基礎建設
上，主要在開發中國家。正如倫敦政經學院經濟學家
尼克・史登（Nick Stern）所言：「我們在交通、能源、
水、建築和土地方面的投資方式，將決定我們是得以將
全球暖化控制在顯著低於2°C的範圍內，還是注定將有
大量人口困在城市裡動彈不得又無法呼吸，而且大量生
態系統將崩潰。」[26]

建立新的代際社會契約

冠狀病毒瘟疫突顯了許多代際矛盾。老年人因為病
毒危害健康而首當其衝，年輕人則被迫在經濟上和社交
上作出犧牲來保護老人。此外，年輕人還將必須償還抗
疫產生的巨額公共債務，而在多數先進經濟體，他們的
收入前景已經不如上一輩。在18～25歲這種善感的年紀
經歷這樣一場大瘟疫，無疑會對年輕人對政治制度的信
心和對政治領袖的信任產生重大且持久的負面影響，在
公民期望政府迅速回應民眾需求和負起責任的民主國家
尤其如此。[27]

我們可以如何使代際社會契約恢復平衡？我們必須
盡可能糾正環境破壞，並且設法減輕未來世代的財政負

擔。為此,現在的年長者可能必須工作更多年,而且退休年齡可能必須與預期壽命明確連動,一如本書第6章所述。第4章闡述的措施:提供全民基本醫療照護和控制不斷上升的醫療成本,包括藉由善用科技,則有助於減輕財政壓力。

我們也必須投資在下一代身上,使他們得以在未來漫長的工作生涯中發揮生產力。我們最好是可以如第3章所述,為每一名年輕人提供一筆教育基金,使他們在工作生涯中不時更新自己的技能。第5章討論的積極勞動市場政策,有助勞工接受再培訓和投入未來的工作,也有利於提升生產力。此外,改善早期教育和支援職業婦女,有助社會人盡其才。因此產生的生產力成長,有助我們為人口老化下的老人照護需求買單,並使債務在未來變得更可持續。這些都是一代人對下一代的明智投資,可以為新的代際社會契約奠下基礎。

如我們所見,因為老年人往往比年輕人更有效地行使政治權力,這種轉變涉及的政治變得比較複雜。研究顯示,人口中老年人的比例對公共支出形態有重大影響。[28] 簡而言之,老人增加意味著養老金支出增加和教育支出減少。老年選民比較討厭旨在刺激經濟需求和維持充分就業的政策,例如低利率和量化寬鬆政策等,因為這種政策會降低儲蓄的報酬,並且推高通膨風險。相對於一般公民,已經退休的老人,通常沒那麼關心失業問題。[29] 在人口老化的國家如德國或日本,政黨越來越被迫迎合老人的這些偏好。有些人可能會說,老年人越

富裕，他們的下一代將繼承越多財富，但這種繼承財富的分配是非常不平等的（下一章將討論），而有些東西——例如環境——則不可能私人繼承，只能由所有人共同承擔。

劍橋大學政治學家大衛・朗西曼（David Runciman）認為，投票年齡應該降至6歲（你沒看錯，是6歲），以助糾正民主國家對年幼者越來越不利的政策。[30]他認為若非如此，年輕人的利益將永遠無法在議會和選舉中得到充分重視，而未出生者的利益甚至根本不會有人考慮。美國參議員黛安・范士丹（Dianne Feinstein）與一群支持「綠色新政」的熱情學童相遇時，出現了耐人尋味的一幕，范士丹反駁那些學童：「但你們沒有投票給我。」[31]她想說的並不是那些學童應該投票給她，因為他們顯然沒辦法這麼做。她想說的是：她的職責是代表那些投票給她的人的利益，而這個群體並不包括他們。

雖然罷課參加集會、呼籲採取行動應對氣候問題可以上新聞，但在民主國家，投票仍是實現變革的最有力手段。無論如何，我們必須找到一種方法，使年輕人和未來世代的意見和利益得到更多重視。若非如此，塑造未來的社會契約，將完全由那些不會看見未來面貌的人設計，根本不考慮那些看得見的人的意見。

8

新社會契約

7月4日是美國慶祝宣布獨立的日子,美國人通常以煙火和烤肉活動慶祝,但在1962年7月4日的獨立日演講中,甘迺迪總統呼籲人們發表「相互依賴宣言」(declaration of interdependence)。他想表達的是,因為各民族和國家高度相互依賴,合作對彼此大有好處。甘迺迪特別提到當時新興的歐洲經濟共同體,與建國約175年的美國的相互依賴關係,[1]但他的觀點同樣適用於一國內部的相互依賴關係。[2]

五年後,美國偉大的民權領袖馬丁·路德·金恩,在聖誕節布道中表達了類似的觀點:「所有的生命確實全都互有關聯。所有人都置身一個無法逃脫的相互關係網絡,受同一件命運大衣束縛。直接影響某個人的事,必然間接影響所有人。在你成為你應該成為的人之前,我永遠無法成為我應該成為的人,而在我成為我應該成為的人之前,你永遠無法成為你應該成為的人。」[3]

　　冠狀病毒大流行在許多方面，帶給我們寶貴的啟示，使這些相互依賴關係更清楚展現在世人眼前。冠狀病毒環球傳播，影響所有人，健康脆弱的人面臨最大威脅。我們全都依賴無數我們不曾見面的人行事負責任，也依賴遠方的醫療體系有能力應付病毒危機。在各國國內，人們清楚認識到哪些勞工不可或缺──如果沒有護士、卡車司機、超市員工、清潔工人，我們的生活將無法正常運作。極其諷刺的是，這些不可或缺的勞工，多數位居工資最低之列，而且他們的工作極有可能近乎完全沒有保障。

　　本書已經指出，目前在許多社會，民眾之所以對許多事情失望，是因為我們的社會契約在科技和人口結構轉變的重壓下已經失效。更多責任和風險因此轉為由個人承擔，包括照顧孩子、失業時更新技能，以及年老時照顧自己。我們的社會越來越傾向「凡事靠自己」，而這種情況轉化為一種「憤怒政治」、精神健康問題流行，以及年輕人和老年人皆擔憂自己的未來。[4]但是，在許多領域，獨自承擔風險不但不公平，也遠不如社會集體承擔風險來得有效和有益。

　　我們需要一種為所有人提供更好的保障和機會結構的社會契約，一種更重視「我們」而非「我」的社會契約，一種認識到我們的相互依賴關係並利用它實現互利的社會契約。我們需要的社會契約，重視集體承擔風險，以減少我們所有人面臨的擔憂，同時幫助社會人盡其才，使個人得以盡其所能作出貢獻。這種社會契約，

也意味著我們不但要關心自己子孫的福祉，還要關心其他人子孫的福祉，因為他們都將生活於同一個未來世界。

本書迄今提出的論點，全都基於下列三大原則：

1. **人人有保障。**每一個人都應該獲得體面生活的基本保障，這種基本保障的水準取決於國家的負擔能力。

2. **盡可能投資於人的能力。**社會應該盡其所能投資，為公民創造機會，使他們具有生產力，而且只要力所能及，可以一直為彼此的共同利益作出貢獻。同樣為了共同利益，社會應該提供誘因，鼓勵人們減少我們希望減少的東西，例如碳排放和肥胖症。

3. **高效和公平地分擔風險。**目前有太多風險的承擔方式不恰當；適當改變個人、家庭、雇主和國家之間分擔風險的方式，可以使風險獲得更好的管控。

本章概述基於這些原則的新社會契約的可能模樣，闡述它可能創造的經濟效益，並提出或許可行的融資和實踐方式。

我們對彼此有更多責任

綜合之前章節的結論，這種新社會契約的實際成分是什麼？我們從基礎說起：人人都應該獲得體面生活的基本保障，包括最低收入、教育福利、基本醫療，以及老年免於貧困的保障。

有許多方法，可以保障民眾收入不低於某個最低水

準,包括設定最低工資、利用稅額抵減提高低工資勞工的收入,以及針對最貧困的家庭提供現金移轉支付。基本教育福利必須包括支援早期教育和終身學習,後者可以由一般稅收、雇主或優惠貸款提供資金。基本醫療保障應該包括世界衛生組織建議的所有基本健康照護項目。國家應該設定門檻,確定哪些醫療項目將由政府資助,而該門檻將因應人均收入成長而調整。勞動保障方面,所有勞工都應該獲得基本福利,例如病假和失業保險,無論他們的雇用契約屬於什麼類型。此外,國家應該提供與預期壽命連動、靠公共資金支持的基本養老金,以免國民老年貧困。

這種社會契約經濟上可行的關鍵,在於社會人盡其才,大幅提高生產力。生產力提高將造就所得和稅收成長,使國家負擔得起更慷慨地投資於教育和社會保險。社會上有許多人未能充分發揮潛力,包括越來越多的受過教育的女性、少數族裔和生於貧困家庭的兒童;這是有待利用的巨大人力資源。這不是鼓吹平等的政治正確言論,本書第2章就提到,美國1960年至2010年間的生產力成長,估計有20％至40％可歸功於打破男性白人對好工作的壟斷,更有效地利用女性、男性黑人和少數族裔的才能。[5]同樣地,如果現在「被埋沒的愛因斯坦」(女性、少數族裔和來自低收入家庭的兒童),能夠像來自高收入家庭的男性白人那樣從事發明創造,創新率將會成為四倍。[6]這種增加機會的政策,可以使我們沒那麼需要所得再分配,也可以使人們有更多能力和自由,實

現他們的美好生活願景。

要創造充分利用人才的勞動市場,首先必須改善早期教育,在兒童達到上學年齡之前介入,是促進平等機會和提高社會流動性最有效和最經濟的方法。但是,釋放人才也需要新政策來改善托兒和老人照護服務,因為照顧兒童和老人目前消耗巨量的無償女性勞動力。若想女性貢獻更多生產力,家庭和社區中的分工,必須變得比較公平。

世界各地的勞動市場正變得越來越靈活,但未來的社會契約必須加強保障勞工以平衡這種靈活性。[7]可用的手段包括:藉由薪資稅使雇主分擔更多風險、加強監理(設定最低工資和彈性工作者的福利標準)、為彈性工作者創造集體談判機制,以及提供公共保險和由一般稅收資助的培訓。如此一來,雇主將可以繼續靈活地調整勞動力,因為他們知道人人都能維持體面的生活標準,而且必要時可以得到足夠的支援以找到新工作。與此同時,雇員的收入將會比較確定,他們因此將能規劃自己的生活,包括投資在自己的技能上、組織家庭或購買房屋。

這一切若要在經濟上可持續,每一個人都應該盡其所能為社會作出貢獻。這意味著人們必須較晚退休。領取養老金的年齡,應該與預期壽命連動,以維持工作年數與退休生活年數的平衡。這也意味著許多人將必須在比較年長的時候學習新技能。更好地資助成人教育,是靈活的勞動市場的必要配套;在這種勞動市場中,勞工的工作生涯可能長達50年以上。再培訓可以藉由稅收、

工會或企業,以集體方式提供資金,但最好是與雇主密切合作以提升效力。開明的企業檢視自身策略時,將越來越重視環境永續、公平納稅,以及對員工和社區有承擔。與此同時,投資人評估公司股價時,將越來越重視企業的這些承擔,而金融市場將獎勵那些明智地管控這些風險的公司。法規應確保人人都受某個最低標準束縛,以便所有雇主能有相對公平的競爭環境。

新社會契約也將要求個人對自己的健康承擔更大責任,尤其是利用科技手段更好地獨立自我照護。在集體承擔醫療成本的情況下,社會應利用助推(nudge)和租稅手段,鼓勵個人更好地照顧自己的健康,並預先說明自己的臨終偏好。例如在冠狀病毒大流行期間,社會要求個人戴口罩以減緩病毒傳播是完全合理的。同樣地,要求民眾接種疫苗、針對香菸和不健康的食物課稅,以及提供誘因鼓勵運動,在集體承擔健康風險的社會裡,都是正當的介入措施。

現在的年輕人也呼籲重新議定代際社會契約。現在活著的人,必須處理歷史遺留的環境破壞和債務問題。因為有明確的證據顯示,我們已經過度消耗環境資產,採取行動應對氣候變遷和生物多樣性受損,必須成為優先要務。鼓勵投資於綠色技術,是幫助下一代保護環境的另一種方式,但這是不夠的。年輕世代將繼承人力和物質資本之類的財富,但他們將必須供養有史以來人口最多的年長世代。如果年輕世代的生產力要達到未來照顧老年人口所需要的水準,慷慨投資於他們的教育是必

要的。

　　新社會契約的經濟問題，以及我們如何才能負擔得起，是我們接下來要討論的。對所有國家來說，執行新社會契約需要一種政策組合，涉及三大策略：提高生產力、檢討財政政策，以及與企業締結新契約。

提高生產力

　　前述許多措施都是為了提高生產力，因為站在經濟的角度，提高生產力是我們最終改善一切的辦法：如果我們把餅做大，大家就會有更多東西可以分享。開發中國家目前仍可把握一些機會，追趕先進經濟體的生產力，包括採用更好的技術和管理方式、投資於教育和基礎設施，以及鼓勵競爭以促進效率。開發中國家也有機會藉由採用新數位技術實現跨越式發展，例如許多國家就放棄建設固定電話網絡，直接跳到行動通訊技術。

　　我還是學生的時候，曾在埃及某辦公室當暑期工。當時我起草的信如果需要副本，祕書會被要求用打字機打三份，因為她的勞動成本低於在辦公室使用影印機的成本。這種看似非理性的決定，正是勞動力非常廉價、勞工被困在低生產力工作中的經濟體會發生的事。[8]

　　自2008年金融危機以來，經濟復甦的一個特徵是就業人口增加，但許多人只能做低生產力的工作，先進經濟體尤其如此。一個很好的例子是許多國家重新興起手工洗車服務，許多男性（通常是外來移民）被雇用來手工洗車，而他們的雇主其實大可使用數十年前已經面世

的洗車機器。[9] 因為勞動力便宜，企業欠缺誘因投資於有助員工提高生產力的工具，例如機器、電腦、行動技術和更好的軟體。事實上，自2008年以來，企業的勞工人均資本成長速度是戰後歷史上最慢的。[10] 國家必須投資於技能，並創造一種環境，鼓勵企業增加投資於有助提高勞工生產力的工具。經濟的低碳轉型為促進這種投資，提供了一個重要的機會。

數位革命是提高勞工生產力的另一個巨大機會。在1960年代和1970年代的電腦革命早期階段，經濟學家梭羅說過一句著名的話：「電腦隨處可見，但在生產力數據中，就是看不到。」現在我們看到類似的現象：數位專利和創新大增，但是生產力持續停滯。本書第3章（教育）和第5章（工作）闡述的政策，為如何提高勞動生產力提供了一些答案，第4章提到的數位技術應用，則有望提高醫療體系的效率。但我們也必須處理現在生產力落後的另一個原因：經濟體中的數位創新步伐緩慢且參差不齊。[11]

一項估計指出，整體而言，歐洲目前僅發揮了其數位潛力的12％，美國則是18％。[12] 一些部門，例如資訊和通訊、媒體、金融服務和專業服務，正迅速數位化，但教育、醫療照護和營建等部門則沒有。冠狀病毒大流行可能加快一些落後部門的數位化步伐，因為遠距醫療和線上學習等領域被迫加快發展。同樣地，受疫情影響，線上零售的市占率也大增，而這種零售方式的效率約為店內銷售的兩倍。第3章和第4章提到在教育和醫

療領域提供更高效和優質數位服務的各種機會，但我們必須注意維持教師與學生，以及護理人員與病人之間的重要人際關係。

提高生產力的另一個重要方法是促進競爭。在許多國家，越來越多證據顯示，許多產業出現了市場影響力集中（少數公司支配市場）和獨占力增長的現象。美國最近的數據顯示，銀行業、航空業、製藥業、醫療保險業和技術平台，都出現令人不安的市場影響力集中現象。[13] 這種現象得以出現，是拜企業的政治遊說支出不斷增加所賜，而這導致勞工分享到國民所得比例相對於企業股東顯著萎縮。在出現這種現象的國家，恢復競爭和因應數位經濟改變競爭政策，對提高生產力十分重要。[14]

檢討財政政策，為新社會契約買單

2014年至2017年，我擔任英國央行副總裁時，我們維持低利率以鼓勵借貸、花錢和投資，從而盡可能提高經濟產能利用率。現在利率處於歷史低位，因為全球儲蓄相對於投資仍處於高位。全球儲蓄偏高，是因為許多人欠缺安全感，而且許多國家的人口正在老化——這正是日本和歐洲的利率全球最低的原因，因為這兩個地區的人口老化速度是全球最快的。人們對產品和服務的需求因此降低，經濟成長因此放緩（想想第7章提到的凱因斯對延後消費果醬的警告。）

改善社會保險，可以削弱經濟學家所講的這種長期停滯趨勢。例如，中國家庭將超過30％的收入存起來，

部分原因在於直到最近，他們在就業、健康和養老方面，幾乎得不到什麼保障。隨著中國引進比較好的社會保險，該國的儲蓄率應該會降低。

另一方面，投資疲軟是因為政府沒有創造出一種環境，使企業看到良好的發展機會。但這裡所講的新社會契約的許多要素，例如加強投資於教育和減少碳排放的基礎建設，有望提振需求和投資，尤其是在開發中國家──若能降低風險，這些國家有許多有利可圖的機會。經濟停滯的問題，不是中央銀行和貨幣政策可以解決的，卻是新社會契約可以解決的。

但新社會契約是否涉及大幅增加公共支出和大幅加稅？答案視情況而定。政府加強支持托兒服務、早期教育和終身學習確實涉及增加支出，國家提供基本的全民醫療照護和養老金也是。但這當中有些支出是投資，未來將可帶來更多稅收（想想第3章提到公共教育投資的報酬率估計可達約10％），或甚至淨收益──如果能正確衡量效益的話（想想第7章提到的環境價值。）因此，這些投資可以合理地靠借貸融資，尤其是在利率正處於歷史低位的先進經濟體。不過，有些支出──例如養老金和某些醫療照護費用──是經常性的，必須靠稅收支持。這是否可行？

對多數國家來說，答案是肯定的。多數先進經濟體的稅收，相當於GDP的30～40％。在這些國家，為新社會契約提供資金，將需要結合我們討論過的提高生產力的措施（延長工作壽命和更好地利用人才），從而提高

稅收，再輔以適度加稅或重新分配資源。但是，沒有國家能夠長期維持稅收在GDP的50％上方，稅率最高的國家（如法國或丹麥）因此很可能無法進一步提高稅收，將必須仰賴經濟成長和重新分配資源，為新社會契約提供資金。

相對之下，多數開發中國家的稅收規模，僅為先進經濟體的一半左右（相當於GDP的15～20％），它們利用政府收入的空間因此大得多。[15]問題是，許多開發中經濟體的正式稅率與先進經濟體相若，但執行方面的困難導致稅收不如預期。[16]由於非正式經濟部門的勞工比例很高（他們不納稅），開發中國家被迫相對倚賴針對交易和消費課稅。因此，開發中國家如果想要滿足民眾對公共服務越來越高的期望，就必須克服困難，提高正規就業的勞工比例，並建立提高政府收入的政治和行政能力。

開發中國家必須為更好的社會契約，付出多大的成本？根據世界銀行的估計，包括產前照護、預防接種、學前教育、支援幼兒識字識數在內的一籃子核心措施，將花費低收入國家GDP的2.7％，中低收入國家GDP的1.2％。[17]納入供水、衛生設施和較高品質小學教育的較全面措施，將花費低收入國家GDP的11.5％，中低收入國家GDP的2.3％。如果想補助最窮成年人的收入，低收入國家將必須花費GDP的9.6％，中低收入國家是5.1％，中高收入國家是3.5％。雖然這些都是大數目，但多數開發中國家要增加政府收入，一方面可以加強對

人數日增的正規部門勞工課稅,另一方面可以更好地利用既有稅項如增值稅(VAT)和菸酒稅,此外也可以減少能源補貼。

訴諸羅賓漢手段,針對有錢人課稅以資助窮人,藉此為新社會契約提供資金,是誘人的做法。但多數國家發現,在實踐中,根本改變機會分配以促進機會平等的措施,遠比溯及以往的所得再分配有力。[18] 所謂的「分配前政策」(pre-distribution policies),例如提供獲得良好教育的平等機會或額外投資於貧困社區,也可以賦予受影響者更多力量,並降低國民長期依賴政府援助的風險。此外,如果我們能藉由勞動市場,達到比較公平的結果(例如幫助窮人獲得比較高薪的好工作),我們將能獲得額外的好處:國民對福利給付的需求降低,福利支出需要的稅款支持隨之減少。若能制定適當的法規,我們將可改變期望,確保雇主提供造就這些機會所需要的福利和培訓。只有在這些政策失敗時,才有必要透過福利體制進行所得再分配。[19]

若有必要進行再分配,比較有效的做法是:投入更多公共支出在支持窮人的福利、服務和介入措施上,而非只是針對有錢人加稅。話雖如此,自1980年代以來,一個引人注目的趨勢是,多數國家傾向減少對有錢人課稅。自1980年代的雷根/柴契爾革命以來,無論是先進國家還是開發中國家,最高邊際所得稅率均已大幅降低(圖17)。因為各國競相吸引外國投資,公司稅率也已顯著降低。相對之下,針對勞動收入課徵的薪資稅則傾向

圖17　世界各地皆降低最高稅率

各地的最高邊際所得稅率（適用於最高所得等級的稅率）

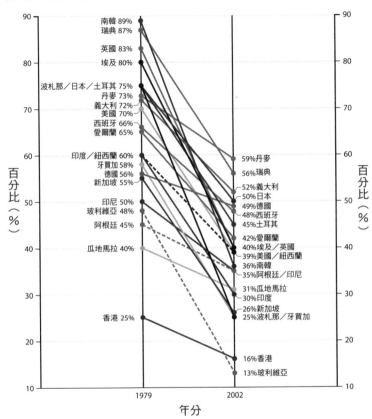

提高，以應付不斷上升的養老、醫療照護和失業保險成本。特別引人側目的是，在工資變得更加不平等之際，稅制反而在糾正不平等方面變得更鬆懈。[20]

　　反方向調整稅率，藉此提高稅率的累進程度，雖然無法為社會契約提供足夠資金，但無疑會有幫助。問題是，政府其實很難藉由提高稅率來糾正所得不平等，因

為有錢人和他們的會計師擅長避稅，而且他們的流動性可能很強，能夠遷移到低稅率地區，或將他們的公司設在低稅率地區。

近年各國在財富稅方面的經驗，說明了這當中的困難。針對財富課稅有三種方式：針對財富的繼承課徵遺產稅、針對財富產生的收益課徵資本利得稅或股息稅，又或者每年針對人們的財富存量課稅（例如財產稅）。許多國家針對財富繼承和財富產生的收益課稅，針對財富存量本身課稅的國家則寥寥無幾，目前只有哥倫比亞、挪威、西班牙、瑞士。因應政治壓力或執行上的困難，芬蘭、法國、冰島、盧森堡、荷蘭和瑞典，實際上已經取消了曾經實施的財富稅。[21]

但是，由於財富不平等遠比所得不平等嚴重，許多經濟學家認為，針對（被視為不勞而獲的）繼承財富課稅作再分配之用，對促進機會平等至為重要。而因為財富不平等加劇引起關注，加上各國政府都在尋找新的收入來源，人們近年對財富稅重新產生興趣。倫敦政經學院的安東尼・阿特金森（Anthony Atkinson）率先主張課徵累進式遺產稅，以此為財源為每一名年輕人提供一筆資本。[22]較近期而言，皮凱提主張人們僅應暫時擁有他們的財富，政府應利用遺產稅和財產稅，將人們的財富逐步收歸國有，以此為財源為每一名25歲以上的成年人提供一筆資本。[23]就法國而言，他建議政府贈與每一名年輕人約12萬歐元，以確保資本在社會中流通，同時在國民於生命早期最需要機會時幫助他們。近年也有研究

著眼於財富稅如何有助提高生產力,而非只是有助解決不平等問題。一個有希望的研究方向認為,財富稅可以懲罰那些利用資產從事低報酬活動的人,同時激勵那些能利用資產產生較高報酬的人,藉此提高經濟效率。[24] 其涵義是,每年2～3％的財富稅,將使政府得以同時提高效率、促進經濟成長和減少不平等。

　　政府增加收入的另一種方法,是針對不好的東西課稅,也就是一些我們希望減少的事物,例如汙染、吸菸、過度飲酒和不健康的食物。第4章提到,人類不健康的行為每年造成的損失以兆美元計,如果政府利用租稅政策改變這些行為,可以獲得巨大的社會和經濟效益。第7章則提到,許多國家藉由提供能源、水或土地使用方面的補貼,付錢給人們去破壞自然環境;取消這些補貼,將是改善我們的環境遺產的關鍵一步。

　　不過,如果我們要將氣候變遷減緩至可接受的水準,就必須更有作為,而課徵碳稅是最有效的方法之一。碳稅是針對生產產品或服務涉及的碳排放課稅,這種影響極廣的稅之所以美妙,是因為它實際上將改變經濟中一切事物的價格,進而影響人們的消費和行為方式。對個人來說,乘坐公共交通工具,將突然變得比開車便宜得多。所在地附近出產的食物,將自動變得比空運進口的食物實惠得多。另一方面,碳稅將使企業有巨大的誘因,投資於比較環保的技術,並設法以低碳排放的方式生產。它不依賴自我約束,不必依靠各方致力達成量化目標、買賣排放許可,或被迫針對每一項行動的

碳足跡作複雜的計算。市場將為大家解決所有這些問題，以最低的經濟代價降低碳排放——這正是經濟學家傾向支持該政策的原因。

碳稅的反對者認為，它會加重納稅負擔，而且可能對窮人不利。黃背心運動一度使法國停擺，正是因為運動參與者反對政府針對柴油加稅。他們之所以憤怒，不是因為政府採取措施應對氣候變遷，而是因為弱勢者被迫為低碳轉型買單。但是，只要設計得當，碳稅有可能既不加重納稅負擔，也不傷害窮人。這種碳稅如何運作？首先，稅率最初將設在相當低的水準，而且只會逐漸提高，以便所有人調整適應。第二，碳稅收入將退還給民眾，方式可以是現金給付或在其他方面減稅。如果100％退還，碳稅將是稅收中性的（revenue neutral），但對經濟活動的碳排放仍有巨大影響；如果並非退還全部稅收，碳稅將帶給政府額外收入。無可避免的是，有些國家將必須率先課徵碳稅，而這可能使它們在國際間落入競爭劣勢。調整邊境稅（針對來自沒有徵收碳稅的國家的進口商品加稅），有助公平競爭，而且可以鼓勵其他國家也徵收這種稅。最終目標是：將碳稅提高至能夠降低災難性氣候變遷風險的水準。

這種將碳稅收入退還給民眾的做法，在美國被稱為一種費用與紅利方案（fee and dividend scheme），在加拿大和法國則被稱為碳支票（carbon cheque）。[25]由於有錢人傾向消費更多碳排放，我們有可能設計一種實際上嘉惠窮人的碳稅。例如，美國方面的估計顯示，每噸

49美元的相對溫和的碳稅，可以改善最窮10％人口的生活，同時嘉惠最高收入者以外的所有人。法國一項研究發現，金額因農村或城市而異的碳支票，可以改善所得較低的一半人口的生活。[26]至於那些需要增加收入，因此不把碳稅收入全部退還給民眾的國家，碳稅將可為新社會契約提供可觀的資金。例如根據一項估計，美國若課徵每噸115美元的碳稅，稅收將十分可觀，相當於國民所得的3％。[27]

最後，慈善組織和基於信仰的機構，目前在為社會契約提供資金和執行重要工作方面，為政府發揮重要的輔助作用。慈善組織自古以來存在於世界各地，反映人類的這種共識：有錢人應該幫助窮人和病人，並為改善公共生活作出貢獻。基金會和慈善組織的資產近年大幅增加，部分原因在於財富增長。全球的基金會資產超過1.5兆美元，支出主要在教育（35％）、社會福利（21％）和醫療（20％）方面。[28]在許多國家，社會契約有一部分工作仰賴志工完成，他們無償奉獻自己的時間來造福社群。我們應該鼓勵和讚揚這種奉獻，但應該視為一種輔助，而不是更好的社會契約的替代物。

與企業締結新社會契約

前面各章討論的許多政策，要求我們改變對企業和政府各自角色的期望。自1980年代以來，政府政策主要致力於貿易自由化、私有化和放寬勞動市場管制，藉此盡可能提高經濟效率。企業得以削減成本、減少員工福

利，以及將供應鏈外包。總體而言，消費者因此得益，但這也導致一些勞工收入停滯，如今在生活中面臨更大的不安全感。理論上，因為這些改革而利益受損的個人或社區，應該從加速的經濟成長中得到補償，最終還有所得益。但在現實中，這種情況很少發生，利益受損者無疑未能得到充分補償。

更重要的是，即使確實可以得到補償，誰想成為輸家呢？與企業締結的新社會契約，應該致力創造更多贏家，方法包括投資於教育和技能，改善貧困地區的基礎設施，以及促進創新和生產力——這些手段都有助減少再分配或補償的需要。新社會契約付諸實行，除了有賴公共支出和監理手段，還有賴我們改變對私營部門的期望。圖18提出了勞資之間新社會契約的可能結構和資金安排。[29]

這種新協議的核心是：提供防止災難性損失的全民基本保障，費用由一般稅收支付。措施包括利用公帑幫助勞工適應重大經濟衝擊造成的失業，支持他們投入新工作。政府也可以為育嬰假福利買單，並援助從事彈性工作的父母；男性和女性將因此在勞動市場享有相對平等的機會，而政府將因此得益。協議的下一圈包括那些藉由強制性法規實現的措施，例如最低工資、工作時數方面的限制和保障、賦予勞工發言權，以及失業保險。之後是自願性質的措施，例如提高養老金、提供額外培訓，以及實施利潤分享計畫——這是激勵勞工提高生產力和調和股東與雇員利益特別有力的方法。

圖18　雇主與勞工的新協議的可能結構

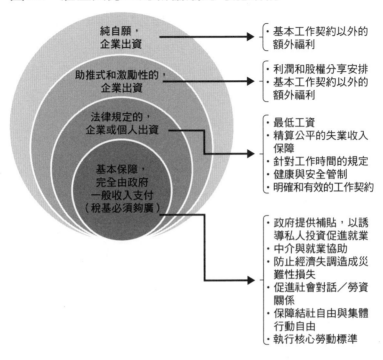

就業安排變得比較靈活的趨勢，意味著納稅負擔也必須調整，以便資本（投資人）與勞工（受雇者）的競爭條件變得比較公平。[30]2000年至2015年間，先進經濟體的平均公司稅率從32％降至25％，嘉惠股東和投資人。[31]與此同時，勞動稅則加重了；這種稅由雇主和雇員共同負擔，是失業保險和養老金的財源，有時也為健康保險提供資金。這種模式源自社會保險靠雇主提供、由雇主和雇員買單的構想，但如今已出現問題，例如在許多國家，包括日本和拉丁美洲多數國家，薪資稅產生的收入，已經不足以支付養老金。

　　稅制偏袒資本並懲罰勞工，也可能導致企業在員工培訓方面投資不足，在自動化方面投資過度。這種情況在德國和南韓這些人口迅速老化的國家尤其顯著，它們正以較快的速度採用自動化技術，以應對工作年齡人口逐漸萎縮、未來必須發揮高生產力以供養大量老人的事實。[32]根據一項估計，美國當前制度下的勞動稅率為25.5～33.5％，有效資本稅率則僅為5％左右──遠低於2010年代的10％，以及1990年代和2000年代初的20％。[33]調和勞動與資本稅率，將使企業在雇用多少勞動力方面作出更好的決定。相對降低勞動稅，也可以促進整體就業和提高勞工分享到的國民所得比例。

　　更好的模式會以不同的方式對企業徵稅，但這並不是說企業的總納稅負擔必須加重。政府有可能一方面提高公司稅率，另一方面利用一般稅收為核心失業給付、基本養老金、某些培訓費用和育嬰假買單，藉此降低薪資稅。例如，澳洲和紐西蘭就已經選擇逐漸減少仰賴薪資稅，改為以一般稅收為養老金制度的核心部分提供資金，而許多開發中國家──包括孟加拉、賴索托、納米比亞和蘇丹──現在正採用以一般稅收為老人提供基本社會養老金的模式。[34]

　　利用法規強制要求雇主為所有類型的雇員提供福利，無論他們是全職、兼職或自雇工作者，可以使勞工得到不因工作類型或雇員類型而有差別的保障，同時削弱雇主利用非正式工作安排避免支付社會保險費的誘因。政府也有可能以額外措施鼓勵企業培訓員工，一如

許多國家為了促進研發和創新所做的那樣。[35]奧地利等國家就針對培訓費用，為企業和個人提供慷慨的稅額抵減。這種稅額抵減，也可以用來鼓勵較難負擔培訓費用的中低技能勞工或中小企業。在美國，康乃狄克、喬治亞、肯塔基、密西西比、羅德島和維吉尼亞等州，正在試驗這種做法。

除了適當調整企業與政府之間的負擔分配外，我們還必須針對全球型企業的避稅行為採取行動，這些公司目前能將利潤轉移至低稅地區。跨國公司每年40％的全球利潤被轉移到避稅港。在英國，外國跨國公司的子公司目前超過一半沒有應稅利潤。[36]在美國，《財星》500大（*Fortune* 500）公司中有91家公司，包括亞馬遜、雪佛龍和IBM，2018年的有效聯邦稅率為零。[37]

這種情況對國內公司不公平，因為它們無法規避納稅負擔，對這些跨國公司業務所在地的公民也不公平，因為他們被剝奪了原本可以利用的稅收。當前情況是20世紀遺留的問題，因為這個時期是以法律實體的正式根據地來評估公司的納稅義務。在供應鏈全球化的數位世界裡，這種法規已經過時，因為企業可以靈活記帳，將利潤轉移至低稅地區以減輕納稅負擔。國際貨幣基金組織估計，每年各國因此損失的公司稅收入有5,000～6,000億美元。[38]由於開發中國家的稅基較小，它們受到的打擊相對嚴重。另一方面，個人藏匿在避稅港的錢，估計多達8.7兆至36兆美元，這意味著各國每年損失約2,000億美元的所得稅收入。[39]

　　根據經合組織藉由137個國家之間的協商提出的建議，我們有可能以較為公平的方式解決問題。首先，各國政府將有權根據企業在其領土內的銷售課稅，無論企業的法律實體位於何處。第二，所有跨國公司將適用某個最低稅率，藉此縮窄各國藉由降低公司稅率吸引跨國公司進駐的空間。這意味著歐洲國家分享到的美國科技巨頭利潤比例將提高，而美國也將從在美國銷售的歐洲產品中獲得更大比例的利潤。[40]這兩種情況都很可能導致相關公司的股東少賺一些。開發中國家很可能成為淨得益者，因為它們能夠利用這些國際稅制漏洞的跨國公司比較少。經合組織估計，這兩項改革將使全球公司稅收入增加4％，相當於每年增加1,000～2,400億美元。[41]

　　越來越多企業領袖承認，狹隘地重視短期股東價值，已經導致不平等加劇、生產力停滯、創新不力和環境退化。[42]與企業締結的新社會契約，將使企業支付較高的公司稅，並為所有勞工提供福利，而整個社會將在基本收入、育嬰假、養老金和發展新技能方面承擔更多風險。這將使企業領袖的覺醒變得實在；目前越來越多企業領袖認識到，有必要深思企業的存在目的和對較廣泛利害關係人的義務。[43]這對他們的公司也有好處，能夠仰賴可靠的技術勞工供應、高品質的基礎設施和良好的安全網，將使企業得以降低成本和靈活創新。消費者和新一代的勞工，已經開始特別重視行事負責的雇主。但是，履行與企業締結的新社會契約所需要的，並非只是一些好聽的辭令和若干企業好公民，我們將必須推動

稅制、監理和公司治理方面的具體變革。

付諸實踐：新社會契約的政治

　　社會契約是高度政治性的，反映一國的歷史、價值觀和境況。在過去，社會契約是決定親屬義務和性別角色的宗教傳統與文化規範的產物，後來是在勞資關係和勞資協商的影響下演變。如今在多數國家，社會契約的演變，取決於政治制度的結構、權力問責機制的效力、政治聯盟的出現，以及危機造就的機會。

　　某些類型的政府，更有能力提供比較好的社會契約。民主國家本身未必更有能力，但如果行政部門受自由、公平、高參與率的選舉和自由的媒體制約，則民主國家通常有較強的能力，交出良好的經濟表現和較長的民眾壽命。[44]領袖個人權力不受有效制約的專制國家，往往表現不佳。並非民主國家，但有「遴選集團」（selectorate）能對政策制定者有效問責的國家，也可以向民眾交出不錯的成績（中國是個例子，共產黨是該國的有效「遴選集團」。）[45]

　　約束行政部門並對它問責，對避免導致國民所得急跌或甚至引發內戰的錯誤決策特別重要。阿馬蒂亞・沈恩（Amartya Sen）曾說：「在世界歷史上，正常運作的民主國家，從不曾發生飢荒。」[46]這是因為民主政府必須贏得選舉和面對公眾的批評，因此有強烈的動機避免災難和改善民眾的生活（或至少予人這種印象）。政府如果受立法機關、司法機關和媒體有效問責，比較有可

能交出致力追求公益、而不是為少數人的私利服務的社會契約。

　　民主國家的從政者清楚知道，良好的經濟表現，往往可以帶給執政黨更多選票。但太少人認識到，公民的幸福感對執政黨得票率的影響，可能高達國民所得變化的兩倍。針對 1970 年代以來歐洲 153 次議會選舉的研究發現，公民對生活的主觀滿意度，比傳統經濟指標如 GDP 成長率、失業率或通貨膨脹率，更能預測他們的投票意向。[47]決定這種主觀幸福感的因素，正是社會契約的關鍵因素，例如良好的健康和有意義的工作。

　　什麼類型的政治制度，能夠交出比較好的社會契約？政治制度偏向總統制和贏家通吃類型的國家，政府的規模往往比較小，社會契約也比較不慷慨。在多數主義政治制度下，例如美國和英國，照顧少數群體的誘因比較少，制度鼓勵從政者集中照顧人數眾多的中產大眾。實行比例代表制的國家，傾向為公民提供較多援助，很可能是因為在這些國家達成政治共識需要廣泛的聯盟。幾乎完全不需要問責的威權政權，履行良好社會契約的壓力不大，執政者有時只是利用國家為自己和朋黨斂財。在脆弱的國家，社會契約至為薄弱，因為政府通常難以獲得足夠的收入，欠缺法律和政策能力，提供公共服務的能力非常有限。

　　事實上，在許多國家，主要的困難不在於政府是否有意願滿足民眾的期望，而在於政府是否有能力。非洲、拉丁美洲、中東和南亞大部分開發中國家都是這

樣，當地的問題是政府能否獲得足夠的收入，滿足民眾對教育、醫療和基礎設施等基本公共財的要求。在人口年輕而且人民有投票權的國家，民眾至少可以選擇支持比較有可能滿足大眾期望的政黨和領袖。在非民主國家，民眾面臨的艱巨任務是：找到其他機制對統治精英施壓。

在先進經濟體，困難主要不在於國家的能力問題，而是在於各利益集團之間的政治僵局。有些人緊緊抓住社會契約中對他們有利的部分（例如較低的退休年齡），另一些人（例如年輕人或弱勢者）則無法藉由投票保護自己的利益，或選擇不投票。壓制選民、操控選區劃分、遊說以至公然的腐敗，全都可能阻撓改革。在這些地方，最關鍵的措施可能是便利所有人投票，使最弱勢的人也能獲得發言權，某程度上參與塑造社會契約。尋找可靠的數位投票方式，無疑是民主國家接下來的重要一步。[48]縱觀歷史，通常是先有比較包容的政治制度，然後才出現比較慷慨的社會契約。

在全球化和資本流動的世界裡，國家能夠建立比較慷慨的社會契約嗎？抑或因為必須與其他國家競爭，沉淪式的逐底競爭（race to the bottom）無可避免？答案是：國家能夠建立比較慷慨的社會契約。在成功駕馭全球化的國家中，社會契約有許多不同類型，有些相當慷慨，有些則不是。一個經濟體的開放程度，與它有多少慷慨的再分配政策，似乎沒有顯著的關係。[49]事實上，貿易比較開放的國家，花在勞工再培訓上的公共支出往

往比較多，以此緩和來自世界經濟的衝擊。[50]因應冠狀病毒大流行的衝擊，許多公司未來可能將簡化供應鏈，並將生產轉移到比較接近本地市場的地方，而這將使政府在政策選擇上擁有更多自主權。

雖然國家的政治結構和能力很重要，但變革也可能源自危機和危機後出現的新聯盟。在 14 世紀，鼠疫使英國失去一半的人口。由此產生的勞動力短缺，賦予勞工更多力量爭取提高工資，這為英國封建制度的消亡揭開了序幕。在東歐，鼠疫產生了相反的影響：地主鞏固權力，導致二度奴役（Second Serfdom）；他們增加利用無償勞動，並創造出更多榨取型制度。[51]

隨著人們對社會的要求增加，關鍵時刻可能為比較包容的經濟安排創造機會。[52]在 20 世紀，大蕭條催生了美國的新政。第二次世界大戰則催生了英國的現代福利體制和歐洲的馬歇爾計畫。這一波新冠病毒全球大流行，正是這種創造變革機會的關鍵時刻。最脆弱者正在受苦，而這場悲劇暴露了醫療體系的弱點、安全網的不足，以及老人照護機制的匱乏。一代的年輕人已經錯過了重要的受教育經歷，未來勢將蒙受巨大的收入損失。[53]女性受病毒本身影響較少，但因為失業、無償勞動增加和封城期間的家庭暴力，在經濟和社會代價方面首當其衝。[54]與此同時，許多國家的政府已經積累了巨債，未來將必須提高生產力來償債。在許多國家，人們無疑將要求改善風險控管和社會保險以保護弱勢者。

社會和政府能同時應對這麼多巨大的挑戰嗎？我從

數十年的談判經驗中學到了一件事：讓問題變大，有時會使問題比較容易解決。將更多問題納入討論，往往有助權衡成本效益和建立聯盟推動變革。假如我是年近六十、正期待退休的雇員，如果我知道我的孩子將獲得一筆終身學習資金，我可能會願意多工作幾年才退休。同樣道理，年輕人如果覺得社會已經慷慨投資於他們的教育、將繼續支持他們學習新技能，並且將保障他們的老年生活，可能會樂意繳比較多稅。

　　支持新社會契約的聯盟，可能規模巨大、成員多元。年輕人已經動員起來，呼籲大家採取行動應對環境問題。他們也可能很快動員起來，支持保障終身學習權利，以彌補他們蒙受的損失。從事無保障工作的人，尤其是工作生涯往往比男性更常中斷的女性，將越來越強烈要求改善彈性工作者的福利、增加教育投資，以及改善再培訓政策。這場新冠瘟疫也為普及醫療保障和公共衛生介入措施，例如強制要求戴口罩或鼓勵民眾保持健康的體重，提供了理由。對老年人來說，基本養老金和老年照護方面的新協議，或許可以彌補他們因為退休年齡改革而蒙受的損失。

　　說到底，要實現更好的社會契約，關鍵在於提高政治制度的問責性。至於如何做到這一點，各國的情況各有不同。在民主國家，核心要求是參與選舉、媒體報導本書概述的問題，以及利用公共論述和立法與司法壓力，促使掌權者盡可能滿足社會中所有人的期望。在非民主國家，受挫的民眾會尋求可能沒那麼有序的其他方

法來對領袖施壓，要求變革。但在所有地方，提高政治
制度的問責性，才可以確保國家以公平、有效和高效的
方式，為集體利益服務。

邁向21世紀的新社會契約

我們對彼此有更多責任。比較慷慨和包容的社會契
約，會承認我們的相互依賴關係，為所有人提供最低限
度的保障，集體承擔某些風險，並要求每一個人盡其所
能、盡可能長時間地作出貢獻。這並不是要擴大福利體
制，而是要投資在人的身上，以及建立一種分擔風險的
新制度，以增進整體福祉。

變革必將發生，因為科技、人口和環境方面的力量
會驅動變革。問題是：我們是為這種變革做好準備，還
是像過去數十年那樣，繼續任由我們的社會受到這些強
大的力量衝擊？本書闡述了我們面臨的挑戰，並圍繞著
家庭、教育、健康、工作、養老和代際問題，提出改善
社會契約的一系列想法。它不是一份藍圖，但指出了經
濟上可行的前進方向。它也不是一張固定清單，各國可
以根據自己的價值觀和偏好，選擇執行某些項目並放棄
其他項目。在現實中，多數社會契約是在社會大眾持續
施壓下，耗費數十年分階段改革的。

林肯說過：「預測未來的最好方式，就是創造未
來。」多個世紀以來，公民塑造了自身社會的機會結
構，而這些抉擇塑造了我們的生活面貌。我們如今正處
於必須作出新抉擇的歷史時刻，我們有能力塑造出使我

們和未來世代享有更美好未來的社會契約。《貝弗里奇報告》的最後一段這麼說：「免於匱乏的自由，不能強加於民主國家，也不能送給民主國家，而是必須由民主國家贏得。贏得這種自由，需要勇氣、信心和國族團結意識：面對事實和困難以及克服困難的勇氣；對我們的未來和公平競爭與自由理想的信心（多個世紀以來，我們的祖先都有為這些理想獻身的準備）；以及一種凌駕任何階級或團體利益的國族團結意識。」[55]出於對彼此和自己的責任，我們必須鼓起這種勇氣，喚起這種團結意識。

注釋

序言　萬物崩解，危機也是轉機

1　這是以媒體資料庫Factiva過去30年的資料為判斷基礎。評論者最常在談到法國的恐怖主義暴力事件、英國脫歐公投和川普當選美國總統時使用「Things fall apart」這句話。Fintan O'Toole, 'Yeats Test Criteria Reveal We Are Doomed', *Irish Times*, 28 July 2018.

2　在《國家為什麼會失敗》（*Why Nations Fail*）中，艾塞默魯和羅賓森談到「關鍵時刻」（critical junctures），也就是非常動盪的時期創出徹底改變制度的機會，而結果如何完全不清楚。Daron Acemoglu and James A. Robinson, *Why Nations Fail*, Crown Publishing Group, 2012.

3　米爾頓·傅利曼（Milton Friedman）有此名言：「只有危機可以帶來真正的變革，無論危機是實際發生或只是察覺到的。危機發生時，人們採取什麼行動，取決於他們接觸到什麼想法。我認為這是我們的基本職能：研擬現行政策的替代方案，維持它們的活力和可用性，直到政治上不可能的事變成政治上無可避免的事。」Milton Friedman, *Capitalism and Freedom*, University of Chicago Press, 1962.

4 Carole Seymour-Jones, *Beatrice Webb: Woman of Conflict*, Allison and Busby, 1992.

5 許多後殖民時代的領袖受費邊社影響，包括印度的尼赫魯、奈及利亞的奧巴費米‧阿沃洛沃（Obafemi Awolowo）、巴基斯坦的真納（Muhammad Ali Jinnah）、新加坡的李光耀和阿拉伯世界的阿弗拉克（Michel Aflaq）。

6 柴契爾夫人唯一一次到訪保守黨中央研究部是在1975年夏天，當時發生了一件有趣的軼事。有人向她講述為什麼保守黨應該選擇務實的「中間路線」以贏得更多政治支持，此時她從她的公事包裡拿出海耶克的著作《自由的憲章》（*The Constitution of Liberty*），宣稱「這是我們所相信的」，然後用力地把書摔在桌上。John Ranelagh, *Thatcher's People: An Insider's Account of the Politics, the Power, and the Personalities*, Fontana, 1992. 雷根則承認他的思想受海耶克影響，並在白宮向他致敬。

7 Anthony Giddens, *The Third Way: The Renewal of Social Democracy*, Polity Press, 1998. 亦參見 Julian LeGrand and Saul Estrin, *Market Socialism*, Oxford University Press, 1989。

1 什麼是社會契約？

1 有關社會結構的哲學基礎和它與社會契約理論的關係，Leif Wenar 對 John Rawls 觀點的概括很有參考價值，見 Leif Wenar, 'John Rawls', *The Stanford Encyclopedia of Philosophy*, Spring 2017 edition。

2 Steven Pinker, *Enlightenment Now: The Case for Reason, Science, Humanism, and Progress*, Penguin/Viking, 2020; Hans Rosling, Ola Rosling and Anna Rosling Rönnlund, *Factfulness: Why Things Are Better Than You Think*, Sceptre, 2018.

3　Edelman 2019 Trust Barometer Global Report: https://www.edelman.com/sites/g/files/aatuss191/files/201902/2019_Edelman_Trust_Barometer_Global_Report.pdf.

4　有關徵稅在國家形成過程中的作用，精彩的歷史敘述請參閱 Margaret Levi, *Of Rule and Revenue*, University of California Press, 1989。

5　「社會契約」的概念可追溯至公元前400年柏拉圖的《克力同》（*Crito*）和《共和國》，他在這些著作中將法律制度說成是個體與國家之間的一種契約。後來，中世紀作家如奧古斯丁和托馬斯‧阿奎納（Thomas Aquinas）探討了何謂好公民，以及相對於集體利益，個人應該有多少自主權。

6　Thomas Hobbes, *Leviathan*, Penguin Classics, 1651/2017.

7　John Locke, *Two Treatises of Government*, J. M. Dent, 1689/1993. 洛克關於何時可以正當地造反的觀點，對美國開國元勛和美國憲法的起草者有巨大的影響。

8　Jean-Jacques Rousseau, *The Social Contract*, Penguin Classics, 1762/1968.

9　Adam Smith, *The Theory of Moral Sentiments*, Cambridge University Press, 1759/2002. 現代的解讀可參考 Jesse Norman, *Adam Smith: Father of Economics*, Penguin, 2018。

10　Howard Glennerster, *Richard Titmus: Forty Years On*, Centre for Analysis of Social Exclusion, LSE, 2014.

11　又或者如邁可‧桑德爾（Michael Sandel）所言：「民主並不需要完全的平等，但確實需要公民分享一種共同的生活。」Michael Sandel, *What Money Can't Buy: The Moral Limits of Markets*, Penguin, 2012, p. 203.

12　John Rawls, *A Theory of Justice*, Belknap, 1971.

13 同上注，第73頁。羅爾斯的正義論還有兩個原則：自由原則（所有人都應該獲得最大限度的平等的基本自由，例如言論自由、結社自由和信仰自由），以及差異原則（收入、財富和自尊的社會基礎之分配，應該盡可能嘉惠社會裡最弱勢的人。）

14 Gary Solon, 'What Do We Know So Far About Intergenerational Mobility?' *Economic Journal*, 2018; Michael Amior and Alan Manning, 'The Persistence of Local Joblessness', *American Economic Review*, 2018.

15 當時巴伐利亞民眾平均預期壽命僅為男性37.7歲，女性41.4歲，主要是因為兒童死亡率相當高。德國退休年齡在1916年降至65歲，這意味著國家現在平均將為國民提供約20年的養老金。Martin Kohl, 'Retirement and the Moral Economy: An Historical Interpretation of the German Case', *Journal of Ageing Studies* 1:2, 1987, pp. 125–44.

16 貝弗里奇成就的概述可參閱Nicholas Timmins, *The Five Giants: A Biography of the Welfare State*, Harper Collins, 2017。

17 OECD, *OECD Employment Outlook 2018*, OECD Publishing, 2018.

18 World Bank Group, 'Closing the Gap: The State of Social Safety Nets 2017', World Bank, 2017.

19 Francesca Bastagli, Jessica Hagen-Zanker, Luke Harman, Valentina Barca, Georgina Sturge and Tanja Schmidt, with Luca Pellerano, 'Cash transfers: what does the evidence say? A rigorous review of programme impact and of the role of design and implementation features', Overseas Development Institute, July 2016.

20 Ugo Gentilini, Mohamed Bubaker Alsafi Almenfi, Pamela Dale, Ana Veronica Lopez, Canas Mujica, Veronica Ingrid, Rodrigo Cordero, Ernesto Quintana and Usama Zafar, 'Social Protection and Jobs Responses to COVID-19 : A Real-Time Review of

Country Measures', World Bank, 12 June 2020.

21 Alberto Alesina and Edward Glaeser, *Fighting Poverty in the U.S. and in Europe: A World of Difference*, Oxford University Press, 2004.

22 Holger Stichnoth and Karine Van der Straeten, 'Ethnic Diversity, Public Spending and Individual Support for the Welfare State: A Review of the Empirical Literature', *Journal of Economic Surveys* 27:2, 2013, pp. 364–89. Stuart Soroka, Richard Johnston, Anthony Kevins, Keith Banting and Will Kymlicka, 'Migration and Welfare Spending', *European Political Science Review* 8:2, 2016, pp. 173–94.

23 Nicholas Barr, *The Economics of the Welfare State*, 5th edition, Oxford University Press, 2012, p. 174.

24 John Hills, *Good Times, Bad Times: The Welfare Myth of Them and Us*, Policy Press, 2014.

25 尼可拉斯・巴爾（Nicholas Barr）指出，福利國家體制可視為一種理想的風險分攤制度，因為（1）它為出生後面臨不可知未來結果的國民提供保險，有助紓解貧困；（2）它能因應市場失靈，解決私營保險的技術問題，尤其是圍繞著失業、醫療風險和社會照護；（3）它可以促進經濟成長，有助建立人力資本和鼓勵承擔風險。參見 Nicholas Barr, 'Shifting Tides: Dramatic Social Changes Mean the Welfare State is More Necessary than Ever', *Finance and Development* 55:4, December 2018, pp. 16–19。

26 Amartya Sen, *Commodities and Capabilities*, North Holland, 1985; Amartya Sen, 'Development as Capability Expansion', *Journal of Development Planning* 19, pp. 41–58, 1989; Amartya Sen, *Development as Freedom*, Oxford University Press, 1999.

27 Margaret Thatcher interviewed in Douglas Keay, 'Aids, education and the year 2000', *Women's Own*, 31 October 1987, pp. 8–10.

28 小羅斯福總統，第二次就職演說，1937年1月20日。

29 Milton Friedman, 'The Social Responsibility of Business is to Increase its Profits', *New York Times Magazine*, 13 September 1970.

30 由柯林・梅爾（Colin Mayer）領導的有關公司的未來的一項研究得出下列結論：「企業的目的是為人類和地球的問題提出有利可圖的解決方案，並在過程中創造利潤。」參見 Colin Mayer, *Prosperity: Better Business Makes the Greater Good,* Oxford University Press, 2018。

31 Barr, *The Economics*, Box 10.2, p. 274.

32 人們常將低技能勞工工資降低歸咎於全球化，但證據顯示，科技發展才是最大的驅動因素。一項研究估計，工資變化有10～20％可歸因於貿易，移民的影響更小，而最大的影響是科技發展使勞動力需求變得有利於高技能勞工。Phillip Swagel and Matthew Slaughter, 'The Effects of Globalisation on Wages in Advanced Economies', IMF Working Paper, 1997.

33 關於全球化如何影響先進經濟體勞動市場的經濟分析，可參考 Joseph Stiglitz, *Globalization and Its Discontents*, W. W. Norton, 2002; Paul Krugman and Anthony Venables, 'Globalization and the Inequality of Nations', *Quarterly Journal of Economics*, 110:4, 1995, pp. 857–80; Paul Collier, *The Future of Capitalism: Facing the New Anxieties*, Penguin Random House, 2018; Raghuram Rajan, *The Third Pillar: The Revival of Community in a Polarized World*, William Collings, 2019; David Autor and David Dorn, 'The Growth of Low Skill Service Jobs and the Polarization of the U.S. Labor Market', *American Economic Review* 103:5, 2013, pp. 1553–97。底特律附近的工業城鎮簡斯維爾（Janesville）因為當地汽車廠關閉而深受影響，必須努力調整適應，諸如此類的故事相當典型，講述該故事的下列著作銳利地描述了地方經濟遭到破壞如何衝擊當地人們的生活：Amy Goldstein, *Janesville: An American Story*, Simon and Schuster, 2018。另一方

面，Iversen和Soskice指出，資本追逐集中在主要都市中心的高技能勞工，而各國政府實際上有相當大的政策自主權。參見Torben Iversen and David Soskice, *Democracy and Prosperity: Re-inventing Capitalism Through a Turbulent Century*, Princeton University Press, 2019。

34 David H. Autor, David Dorn and Gordon H. Hanson, 'The China Shock: Learning from Labor-Market Adjustment to Large Changes in Trade', *Annual Review of Economics* 8, 2016, pp. 205–40; Mark Muro and Joseph Parilla, 'Maladjusted: It's Time to Reimagine Economic Adjustment Programs', Brookings, 10 January 2017.

35 學術文獻中一直有這樣一種觀點：女性勞動參與率呈現U形，也就是在非常貧窮的國家（許多女性務農）和非常富裕的國家特別高。最近的數據呈現較為多樣的形態。Stephan Klasen, 'What Explains Uneven Female Labour Force Participation Levels and Trends in Developing Countries?' *World Bank Research Observer* 34:2, August 2019, pp. 161–97.

36 Naila Kabir, Ashwini Deshpande and Ragui Assaad, 'Women's Access to Market Opportunities in South Asia and the Middle East and North Africa', Working Paper, Department of International Development, London School of Economics in collaboration with Ahoka University and the Economic Research Forum, 2020.

37 Esteban Ortiz-Ospina and Sandra Tzvetkova 'Working Women: Key Facts and Trends in Female Labour Force Participation', *Our World in Data*, Oxford University Press, 2017.

38 Jonathan Ostry, Jorge Alvarez, Raphael Espinoza and Chris Papgeorgiou, 'Economic Gains from Gender Inclusion: New Mechanisms, New Evidence', IMF Staff Discussion Paper, 2018.

39 Daniel Susskind and Richard Susskind, *The Future of the Professions*, Oxford University Press, 2015.

40 Andrew McAfee and Erik Brynjolfsson, *The Second Machine Age*, W. W. Norton, 2014.

41 IPCC, *Special Report Global Warming of 1.5 degrees*, Intergovernmental Panel on Climate Change, 2018.

42 Rattan Lal and B. A. Stewart (editors), *Soil Degradation*, Volume 11 of *Advances in Soil Science*, Springer-Verlag, 1990; Sara J. Scherr, 'Soil degradation: a threat to developing country food security by 2020?' International Food Policy Research Institute, 1999.

43 Gerardo Ceballos, Anne H. Ehrlich and Paul R. Ehrlich, *The Annihilation of Nature: Human Extinction of Birds and Mammals*, Johns Hopkins University Press, 2015, p. 135.

44 FAO, *The State of World Fisheries and Aquaculture 2018 – Meeting the Sustainable Development Goals*, United Nations Food and Agriculture Organization, 2018.

2 育兒

1 Adalbert Evers and Birgit Riedel, *Changing Family Structures and Social Policy: Child Care Services in Europe and Social Cohesion*, University of Gießen, 2002, p.11.

2 輔助原則最早體現在威瑪共和國1922年的《青年福利法》中,並在該法後來的修正中得到重申。Margitta Mätzke, 'Comparative Perspectives on Childcare Expansion in Germany: Explaining the Persistent East-West Divide', *Journal of Comparative Policy Analysis: Research and Practice* 21:1, 2019, pp. 47–64; Juliane F. Stahl and Pia S. Schober, 'Convergence or Divergence? Educational Discrepancies in Work-Care Arrangements of Mothers with Young Children in Germany', *Work, Employment and Society* 32:4, 2018, pp. 629–49.

3　1960年至2010年間，美國職業分布趨同藉由改善人才分配，貢獻了20％至40％的人均總產出增幅。參見Chang-Tai Hsieh, Erik Hurst, Charles I. Jones and Peter J. Klenow, 'The Allocation of Talent and U.S. Economic Growth', *Econometrica* 87:5, September 2019, pp. 1439–74。

4　有才華的女性取代平庸男性的現象也發生在政界。參見 Timothy Besley, Olle Folke, Torsten Persson and Johanna Rickne, 'Gender Quotas and the Crisis of the Mediocre Man: Theory and Evidence from Sweden', *American Economic Review* 107:8, 2017, pp. 2204–42。

5　Columbia Law School, 'A Brief Biography of Justice Ginsburg', Columbia Law School web archive. 與金斯伯格同代的另一名美國最高法院大法官珊卓拉・戴・歐康納（Sandra Day O'Connor），雖然以第三名的成績畢業於史丹佛法學院，但在1952年只能找到一份法律祕書的工作。

6　Rhea E. Steinpreis, Katie A. Anders and Dawn Ritzke, 'The Impact of Gender on the Review of the Curriculum Vitae of Job Applicants and Tenure Candidates: A National Empirical Study', *Sex Roles* 41, 1999, pp. 509–28; Shelley J. Correll, Stephen Benard and In Paik, 'Getting a Job: Is there a Motherhood Penalty?' *American Journal of Sociology* 112:5, March 2007, pp. 1297–1338; Kathleen Feugen, Monica Biernat, Elizabeth Haines and Kay Deaux, 'Mothers and Fathers in the Workplace: How Gender and Parental Status Influence Judgements of Job-Related Competence,' *Journal of Social Issues* 60:4, December 2004, pp. 737–54.

7　Arlie Russell Hochschild and Anne Machung, *The Second Shift: Working Parents and the Revolution at Home*, Viking, 1989.

8　Cristian Alonso, Mariya Brussevich, Era Dabla-Norris, Yuko Kinoshita and Kalpana Kochar, 'Reducing and Redistributing Unpaid Work: Stronger Policies to Support Gender Equality', IMF

Working Paper, October 2019: https://www.imf.org/~/media/Files/Publications/WP/2019/wpiea2019225–print-pdf.ashx.

9 Alonso et al., *Reducing and Redistributing Unpaid Work*, p. 13.

10 Emma Samman, Elizabeth Presler-Marshall and Nicola Jones with Tanvi Bhaktal, Claire Melamed, Maria Stavropoulou and John Wallace, *Women's Work: Mothers, Children and the Global Childcare Crisis*, Overseas Development Institute, March 2016.

11 梅琳達·蓋茲（Melinda Gates）在最近一篇文章中指出：「在美國，75％的媽媽因為照顧孩子的責任而放棄工作機會、換工作，或退出勞動市場。媽媽為了照顧孩子或其他家庭成員而辭職的可能性是爸爸的三倍。沒有受雇的女性逾60％表示，肩負照顧家庭的責任是她們沒去工作的原因。三分之一的嬰兒潮世代女性正在照顧年邁的父親或母親，其中11％已經離開職場，以便全職照顧老人。」參見Melinda Gates, 'Gender Equality Is Within Our Reach', *Harvard Business Review*, October 2019。

12 英國方面的證據可參見Monica Costa Rias, Robert Joyce and Francesca Parodi, 'The Gender Pay Gap in the UK: Children and Experience in Work', Institute for Fiscal Studies, February 2018。

13 Jonathan D. Ostrey, Jorge Alvarez, Rafael A. Espinosa and Chris Papageorgiou, 'Economic Gains from Gender Inclusion: New Mechanisms, New Evidence', IMF Staff Discussion Note, October 2018.

14 關於這兩種模式之間的爭論，可參考下列資料：Ruth Lister, '"She has other duties": Women, citizenship and social security', in Sally Baldwin and Jane Falkingham (editors), *Social Security and Social Change: New Challenges*, Harvester Wheatsheaf, 1994; Gøsta Esping-Andersen, *Social Foundations of Post-industrial Economies*, Oxford University Press, 1999; Roger Goodman and

Ito Peng, 'The East Asian welfare states: peripatetic learning, adaptive change, and nation-building', in Gøsta Esping-Andersen (editor), *Welfare States in Transition: National Adaptations in Global Economies*, Sage, 1996, pp. 192–224; Huck-Ju Kwon, 'Beyond European Welfare Regimes: Comparative Perspectives on East Asian Welfare Systems', *Journal of Social Policy* 26:4, October 1997, pp. 467–84; Ito Peng and Joseph Wong, 'East Asia', in Francis G. Castles, Stephan Leibfried, Jane Lewis, Herbert Obinger and Christopher Pierson (editors), *The Oxford Handbook of the Welfare State*, Oxford University Press, 2010; Mi Young An and Ito Peng, 'Diverging Paths? A Comparative Look at Childcare Policies in Japan, South Korea and Taiwan', *Social Policy and Administration* 50:5, September 2016, pp. 540–55。

15 Emma Samman, Elizabeth Presler-Marshall and Nicola Jones with Tanvi Bhatkal, Claire Melamed, Maria Stavropoulou and John Wallace, 'Women's Work: Mothers, Children and the Global Childcare Crisis', Overseas Development Institute, March 2016, p. 34.

16 同上注,第34頁。

17 在中國,城市地區的女性勞動參與率下降,因為政府提供的托兒服務減少,家庭因此更加仰賴祖母照顧兒童。但是,如果祖母延後退休,她們免費照顧兒童的能力將會降低,這可能導致政府在未來必須增加提供托兒服務。參見Yunrong Li, 'The effects of formal and informal childcare on the Mother's labor supply – Evidence from Urban China', *China Economic Review* 44, July 2017, pp. 227–40。

18 Daniela Del Boca, Daniela Piazzalunga and Chiara Pronzato, 'The role of grandparenting in early childcare and child outcomes', *Review of Economics of the Household* 16, 2018, pp. 477–512.

19 OECD成員國2016年教育支出平均為GDP的5.0%(https://

data.worldbank.org/indicator/SE.XPD.TOTL.GD.ZS）。OECD 成員國2017年醫療支出平均為GDP的12.55％（https://data. worldbank.org/indicator/SH.XPD.CHEX.GD.ZS）。

20 Chris M. Herbst, 'The Rising Cost of Child Care in the United States: A Reassessment of the Evidence', IZA Discussion Paper 9072, 2015, cited in Samman et al., *Women's Work*, p. 33.

21 Daniela Del Boca, Silvia Pasqua and Chiara Pronzato, 'Motherhood and market work decisions in institutional context: a European perspective', *Oxford Economic Papers* 61, April 2009, pp. i147–i171; Joya Misra, Michelle J. Budig and Stephanie Moller, 'Reconciliation policies and the effects of motherhood on employment, earnings and poverty', *Journal of Comparative Policy Analysis: Research and Practice* 9:2, 2007, pp. 135–55.

22 Gøsta Esping-Andersen, *Why We Need a New Welfare State*, Oxford University Press, 2002; Olivier Thévenon, 'Family Policies in OECD Countries: A Comparative Analysis', *Population and Development Review* 37:1, March 2011, pp. 57–87; Paolo Barbieri and Rossella Bozzon, 'Welfare labour market deregulation and households' poverty risks: An analysis of the risk of entering poverty at childbirth in different European welfare clusters', *Journal of European Social Policy* 26:2, 2016, pp. 99–123.

23 Giulia Maria Dotti Sani, 'The Economic Crisis and Changes in Work–Family Arrangements in Six European Countries', *Journal of European Social Policy* 28:2, 2018, pp. 177–93; Anne Gauthier, 'Family Policies in Industrialized Countries: Is there Convergence?' *Population* 57:3, 2002, pp. 447–74; Misra et al., 'Reconciliation policies'; Joya Misra, Stephanie Moller, Eiko Strader and Elizabeth Wemlinger, 'Family Policies, Employment and Poverty among Partnered and Single Mothers', *Research in Social Stratification and Mobility* 30:1, 2012, pp. 113–28; Thévenon, 'Family Policies'.

24 ILO, *Maternity and paternity at work: law and practice across the world*, International Labour Organisation, 2014, cited in Samman et al., *Women's Work*, p. 47.

25 一項研究分析53個開發中國家33,302家公司的公司層面數據，結果顯示，在那些有法定陪產假的國家，私營企業的女性就業率顯著高於沒有法定陪產假的國家。一項保守的估計顯示，提供法定陪產假可以提高女性勞工的比例6.8個百分點。參見Mohammad Amin, Asif Islam and Alena Sakhonchik, 'Does paternity leave matter for female employment in developing economies? Evidence from firm-level data', *Applied Economics Letters* 23:16, 2016, pp. 1145–48。

26 ODI, *Women's Work: Mothers, Children and the Global Childcare Crisis*, Overseas Development Institute, 2016.

27 相關文獻的一個重要部分，著眼於托兒費用與女性勞動參與率的關係。研究者檢驗的假說是：托兒服務越是可負擔，越多家庭會使用，結果是獲得解放的女性變得比較可能投入勞動市場。Anderson、Levine和Blau、Currie兩組研究團隊，都詳細檢視了對美國女性勞動力供給相對於托兒費用的彈性的估計。多數研究結果顯示，隨著托兒費用降低，媽媽的勞動參與率會提高。但是，各項研究的估計差異很大。Patricia Anderson and Philip Levine, 'Child Care and Mother's Employment Decisions', in David Card and Rebecca Blank (editors), *Finding Jobs: Work and Welfare Reform*, Russell Sage, 2000; David Blau and Janet Currie, 'Pre-School, Day Care, and After-School Care: Who's Minding the Kids?' *Handbook of the Economics of Education* 2, 2006, pp. 1163–1278; Mercedes Mateo Diaz and Lourdes Rodriguez-Chamussy, 'Childcare and Women's Labor Participation: Evidence for Latin America and the Caribbean', Technical Note IDB-TN-586, Inter-American Development Bank, 2013.

28 根據對21個開發中國家近13萬名女性的家庭調查，開發中國家的育兒損失估計約為22％，而如果考慮年齡、教育程度和婚姻狀態等因素，育兒損失只有7％。育兒損失隨著孩子年齡增長而降低，而對那些有年長女兒可以分擔家務的女性來說，育兒損失甚至會逆轉，因為這些女性可以增加工作以提高收入。Jorge M. Agüeroa, Mindy Marksb and Neha Raykarc, 'The Wage Penalty for Motherhood in Developing Countries', Working Paper, University of California Riverside, May 2012.

29 Henrik Kleven, Camille Landais, Johanna Posch, Andreas Steinhauer and Josef Zweimuller, 'Child Penalties across Countries: Evidence and Explanations', *American Economic Association Papers and Proceedings* 2019. 沒有證據顯示育兒損失源自生物學上女性照顧兒童的比較優勢。參見 Henrik Kleven, Camille Landais and Jakob Egholt Sogaard, 'Does Biology Drive Child Penalties? Evidence from Biological and Adoptive Families', Working Paper, London School of Economics, May 2020。

30 這三個國家都在2000年代增加對育兒的經濟援助，但方式各有不同：日本主要是支持家庭自己照顧孩子，南韓加強了支持家庭使用托兒服務的政策，臺灣則是以提供假期的形式支持家庭育兒。

31 Takeru Miyajima and Hiroyuki Yamaguchi, 'I Want to, but I Won't: Pluralistic Ignorance', *Frontiers in Psychology* 20, September 2017: doi:10.3389/fpsyg.2017.01508.

32 Ingólfur V. Gíslason, 'Parental Leave in Iceland Gives Dad a Strong Position', *Nordic Labour Journal*, April 2019.

33 Rachel G. Lucas-Thompson, Wendy Goldberg and JoAnn Prause, 'Maternal work early in the lives of children and its distal associations with achievement and behavior problems: a meta-analysis', *Psychological Bulletin* 136:6, 2010, pp. 915–42.

34 Charles L. Baum, 'Does early maternal employment harm child development? An analysis of the potential benefits of leave taking', *Journal of Labor Economics* 21:2, 2003, pp. 409–448; David Blau and Adam Grossberg, 'Maternal Labor Supply and Children's Cognitive Development', *Review of Economics and Statistics* 74:3, August 1992, pp. 474–81.

35 Committee on Family and Work Policies, *Working Families and Growing Kids: Caring for Children and Adolescents*, National Academies Press, 2003.

36 Jane Waldfogel, Wen-Jui Han and Jeanne Brooks-Gunn, 'The effects of early maternal employment on child cognitive development', *Demography* 39:2, May 2002, pp. 369–92.

37 Lucas-Thompson et al., 'Maternal work early in the lives of children', pp. 915–42.

38 Ellen S. Peisner-Feinberg, Margaret R. Burchinal, Richard M. Clifford, Mary L. Culkin, Carollee Howes, Sharon Lynn Kagan and Noreen Yazejian, 'The relation of preschool child-care quality to children's cognitive and social developmental trajectories through second grade', *Child Development* 72:5, 2001, pp. 1534–53.

39 Eric Bettinger, Torbjørn Hægeland and Mari Rege, 'Home with mom: the effects of stay-at-home parents on children's long-run educational outcomes', *Journal of Labor Economics* 32:3, July 2014, pp. 443–67.

40 Michael Baker and Kevin Milligan, 'Maternal employment, breastfeeding, and health: Evidence from maternity leave mandates', *Journal of Labor Economics* 26, 2008, pp. 655–92; Michael Baker and Kevin Milligan, 'Evidence from maternity leave expansions of the impact of maternal care on early child development', *Journal of Human Resources* 45:1, 2010, pp. 1–32;

Astrid Würtz-Rasmussen, 'Increasing the length of parents' birth-related leave: The effect on children's long-term educational outcomes', *Labour Economics* 17:1, 2010, pp. 91–100; Christopher J. Ruhm, 'Are Recessions Good for Your Health?' *Quarterly Journal of Economics* 115:2, May 2000, pp. 617–50; Sakiko Tanaka, 'Parental leave and child health across OECD countries', *Economic Journal* 115:501, February 2005, F7–F28.

41 Maya Rossin, 'The effects of maternity leave on children's birth and infant health outcomes in the United States', *Journal of Health Economics* 30:2, March 2011, pp. 221–39.

42 Lucas-Thompson et al., 'Maternal work early in the lives of children'.

43 Kathleen McGinn, Mayra Ruiz Castro and Elizabeth Long Lingo, 'Learning from Mum: Cross-National Evidence Linking Maternal Employment and Adult Children's Outcomes', *Work, Employment and Society* 33:3, 2019, pp. 374–400.

44 Susan Kromelow, Carol Harding and Margot Touris, 'The role of the father in the development of stranger sociability in the second year', *American Journal of Orthopsychiatry* 60:4, October 1990, pp. 521–30.

45 Vaheshta Sethna, Emily Perry, Jill Domoney, Jane Iles, Lamprini Psychogiou, Natasha Rowbotham, Alan Stein, Lynne Murray and Paul Ramchandani, 'Father–Child Interactions at 3 months and 24 Months: Contributions to Child Cognitive Development at 24 Months', *Infant Mental Health Journal* 38:3, 2017, pp. 378–90.

46 J. Kevin Nugent, 'Cultural and psychological influences on the father's role in infant development', *Journal of Marriage and the Family* 53:2, 1991, pp. 475–85.

47 Alonso et al., *Reducing and Redistributing*, p. 21.

241

3 教育

注
釋

1　Max Roser and Esteban Ortiz-Ospina, 'Primary and Secondary Education', *Our World in Data*, 2020.

2　World Bank, 'World Bank Development Report 2018: Learning to Realize Education's Promise', World Bank Group, 2018, p. 4.

3　World Bank, 'World Bank Education Overview: Higher Education (English)', World Bank Group, 2018.

4　女孩的教育報酬率比男孩高2個百分點。參見George Psacharopoulos and Harry Patrinos, 'Returns to Investment in Education: A Decennial Review of the Global Literature', Policy Research Working Paper 8402, World Bank, 2018。

5　Jack B. Maverick, 'What is the Average Annual Return on the S&P 500?' *Investopedia*, May 2019.

6　UK Government, 'Future of Skills and Lifelong Learning', Foresight Report, UK Government Office for Science, 2017.

7　Richard Layard and George Psacharopoulos, 'The Screening Hypothesis and the Returns to Education', *Journal of Political Economy* 82:5, September–October 1974, pp. 985–98; David Card and Alan B. Krueger, 'Does School Quality Matter? Returns to Education and the Characteristics of Public Schools in the United States', *Journal of Political Economy* 100:1, February 1992, pp. 1–40; Damon Clark and Paco Martorell, 'The signalling value of a high school diploma', *Journal of Political Economy* 122:2, April 2014, pp. 282–318.

8　Daron Acemoglu, 'Technical Change, Inequality, and the Labor Market', *Journal of Economic Literature* 40:1, March 2002, pp. 7–22.

9　Claudia Goldin and Lawrence F. Katz, *The Race between Education and Technology*, Harvard University Press, 2008.

10 World Bank, 'World Bank Development Report: The Changing Nature of Work', World Bank Group, 2019, p. 71.

11 解決複雜問題的技能提升一個標準差，工資可以增加10～20％。參見 Peer Ederer, Ljubica Nedelkoska, Alexander Patt and Sylvia Castellazzi, 'How much do employers pay for employees' complex problem solving skills?' *International Journal of Lifelong Learning* 34:4, 2015, pp. 430–47。

12 Lynda Gratton and Andrew Scott, *The 100 Year Life: Living and Working in an Age of Longevity*, Bloomsbury, 2016.

13 同上注，第110頁。

14 OECD, *OECD Employment Outlook 2019: The Future of Work*, Organisation for Economic Co-operation and Development, 2019, Chapter 3.

15 William Johnson (*later* Cory), king's scholar 1832–41, master 1845–72, in his *Eton Reform II*, as adapted by George Lyttelton in writing to Rupert Hart-Davis.

16 J. Fraser Mustard, 'Early Brain Development and Human Development', in R. E. Tremblay, M. Boivin and R. De V. Peters (editors), *Encyclopedia on Early Childhood Development*, 2010: http://www.child-encyclopedia.com/importance-early-childhood-development/according-experts/early-brain-development-and-human.

17 Arthur J. Reynolds, Judy A. Temple, Suh-Ruu Ou, Irma A. Arteaga and Barry A. B. White, 'School-Based Early Childhood Education and Age-28 Well-Being: Effects by Timing, Dosage, and Subgroups', *Science* 333, 15 July 2011, pp. 360–64.

18 Rebecca Sayre, Amanda E. Devercelli, Michelle J. Neuman and Quentin Wodon, 'Investing in Early Childhood Development:

注
釋

Review of the World Bank's Recent Experience', World Bank Group, 2014.

19 Paul Glewwe, Hanan G. Jacoby and Elizabeth M. King, 'Early childhood nutrition and academic achievement: A longitudinal analysis', *Journal of Public Economics* 81:3, 2001, pp. 345–68; Emiliana Vegas and Lucrecia Santibáñez, 'The Promise of Early Childhood Development in Latin America and the Caribbean', Latin American Development Forum, World Bank, 2010.

20 除了提供大量的國家層面證據，研究者還做了一個模擬，結果顯示提高所有國家的學前教育入學率至25％可獲得106億美元的效益，提高至50％可獲得337億美元的效益，效益對成本的比率高達17.6。參見Patrice L. Engle, Maureen M. Black, Jere R. Behrman, Meena Cabral de Mello, Paul J. Gertler, Lydia Kapiriri, Reynaldo Martorell, Mary Eming Young and the International Child Development Steering Group, 'Child development in developing countries 3: Strategies to avoid the loss of developmental potential in more than 200 million children in the developing world', *Lancet* 369, January 2007, p. 229–42; Patrice Engle, Lia Fernald, Harold Alderman, Jere Behrman, Chloe O'Gara, Aisha Yousafzai, Meena Cabral de Mello, Melissa Hidrobo, Nurper Ulkuer, Ilgi Ertem and Selim Iltus, 'Strategies for Reducing Inequalities and Improving Developmental Outcomes for Young Children in Low and Middle Income Countries', *Lancet* 378, November 2011, pp. 1339–53。

21 Engle et al., 'Child development'.

22 Paul Gertler, James Heckman, Rodrigo Pinto, Arianna Zanolini, Christel Vermeersch, Susan Walker, Susan M. Chang and Sally Grantham-McGregor, 'Labor market returns to an early childhood stimulation intervention in Jamaica', *Science* 344, 30 May 2014, pp. 998–1001.

23 現存大量證據顯示，參加各種學前計畫不但可以加強兒童的入學準備和改善早期學業成績（Lynn A. Karoly, Peter W. Greenwood, Susan S. Everingham, Jill Houbé, M. Rebecca Kilburn, C. Peter Rydell, Matthew Sanders and James Chiesa, 'Investing in Our Children: What We Know and Don't Know About the Costs and Benefits of Early Childhood Interventions', RAND Corporation, 1998; Crag T. Ramey and Sharon Landesman Ramey, 'Early intervention and early experience', *American Psychologist* 53:2, 1998, pp. 109–20; Karl R. White, 'Efficacy of Early Intervention', *The Journal of Special Education* 19: 4 (1985), pp. 401–16），多年後還能使這些孩子比較不需要補救教育（W. Steven Barnett, 'Long-Term Effects of Early Childhood Programs on Cognitive and School Outcomes', *The Future of Children* 5:3, 1995, pp. 25–50; Karoly et al., 'Investing'; Jack P. Shonkoff and Deborah A. Phillips (editors), *From neurons to neighborhoods: The science of early childhood development*, National Academy Press, 2000），較少出現違法行為（Eliana Garces, Duncan Thomas and Janet Currie, 'Longer-Term Effects of Head Start', *American Economic Review* 92:4, 2002, pp. 999–1012; Arthur J. Reynolds, Judy A. Temple, Dylan L. Robertson and Emily A. Mann, 'Long-term Effects of an Early Childhood Intervention on Educational Achievement and Juvenile Arrest: A 15-Year Follow-up of Low-Income Children in Public Schools', *Journal of the American Medical Association* 285:18, 2001, pp. 2339–46; L. J. Schweinhart, H. V. Barnes and D. P. Weikart, 'Significant Benefits: The High/Scope Perry Preschool Study through Age 27', Monographs of the High/Scope Educational Research Foundation 10, High/Scope Press, 1993; Karoly et al., 'Investing'），以及取得較高的教育程度（Frances A. Campbell, Craig T. Ramey, Elizabeth Pungello, Joseph Sparling and Shari Miller-Johnson, 'Early Childhood Education: Young Adult Outcomes From the Abecedarian Project', *Applied Developmental Science* 6:1, 2002, pp. 42–57; Consortium

for Longitudinal Studies (Ed.), *As the twig is bent: Lasting effects of preschool programs*, Erlbaum, 1983; Reynolds et al, 'Long-term Effects'; Schweinhart et al., 'Significant Benefits'; Ramey and Ramey, 'Early Intervention'; Barnett, 'Long-Term Effects'; Shonkoff and Phillips, *From neurons to neighborhoods*; Garces, Thomas and Currie, 'Longer-Term Effects'; Reynolds et al., 'Long-term Effects'; Schweinhart et al., 'Significant Benefits'; Campbell et al., 'Early Childhood Education'）。

24 Reynolds et al., 'School-Based Early Childhood Education', pp. 360–64. 有趣的是，另一些研究發現，幼兒教育嘉惠女孩多於男孩。北卡羅來納州的研究則發現，比較可能有爸爸陪伴、家裡比較有錢的男孩，基本情況通常比較好，參見 Jorge Luis Garcia, James J. Heckman and Anna L. Ziff, 'Gender differences in the benefits of an influential early childhood program', *European Economic Review* 109, 2018, p. 9–22。

25 World Bank, 'World Bank Development Report 2019', p. 75.

26 同上注。

27 OECD, 'OECD Family database', Organisation for Economic Co-operation and Development, 2019: http://www.oecd.org/els/family/database.htm.

28 World Bank, 'World Bank Development Report 2019', pp. 74–75.

29 Joseph Fishkin, *Bottlenecks: A New Theory of Equal Opportunity*, Oxford University Press, 2014.

30 Canadian Literacy and Learning Network, 'Seven Principles of Adult Learning', 2014: website, Office of Literacy and Essential Skills, Government of Canada.

31 Malcolm S. Knowles, Elwood F. Holton III and Richard A. Swanson, *The adult learner: The definitive classic in adult education*

and human resource development, Elsevier, 2005.

32 World Bank, 'World Bank Development Report 2019'.

33 A. D. Ho, J. Reich, S. Nesterko, D. T. Seaton, T. Mullane, J. Waldo and I. Chuang, 'HarvardX and MITx: The first year of open online courses, Fall 2012–Summer 2013', 2014.

34 David Card, Jochen Kluve and Andrea Weber, 'What Works? A Meta-Analysis of Recent Active Labor Market Program Evaluations', *Journal of the European Economic Association* 16:3, June 2018, pp. 894–93.

35 OECD, *Getting Skills Right: Future Ready Adult Learning Systems*, OECD Publishing, 2019.

36 同上注。

37 有關不同國家如何分攤成人教育成本的例子，可參考OECD, *Getting Skills Right: Future Ready Adult Learning Systems*, OECD Publishing, 2019。

38 同上注，第96頁。

39 幫助中小企業建立培養人才的能力的一個好例子是南韓的一項計畫。經由該計畫，雇主可以獲得一系列的補貼，包括取得資助聘請外部顧問來分析公司的培訓需求、提升執行長和管理人員的能力，以及陪伴公司度過成為學習型組織的過程。雇主還可以獲得進一步的補貼，用於建立學習群組和資助負責管理這些群組的員工。補貼也可以用來為執行長和負責學習活動的員工提供培訓。最後一組補貼容許企業參加同業學習活動和分享建立學習型組織的經驗。參見OECD, *Getting Skills Right: Engaging low-skilled adults in learning*, OECD Publishing, 2019, p. 20。

40 Archie Hall, 'Shares in Students: Nifty Finance or Indentured Servitude?' *Financial Times*, 12 November 2019.

41 Thomas Piketty, *Capital and Ideology*, Harvard University Press, 2020

42 為了控管貸款違約風險和支付行政費用，經費必須額外增加。另一方面，為了使這種計畫具有足夠的吸引力，應該僅要求收入超過某水準的借款人償還貸款。

4 醫療

1 Daniel R. Hogan, Gretchen A. Stevens, Ahmad Reza Hosseinpoor and Ties Boerma, 'Monitoring universal health coverage within the Sustainable Development Goals: development and baseline data for an index of essential health services', *Lancet Global Health* 6, 2018, pp. e152–68.

2 其他估計認為，除了基本健康照護支出至少要達到GDP的5％，所有低收入國家提供基本初級照護的支出，每年至少要達到人約86美元。參見Di Mcintyre, Filip Meheus and John-Arne Røttingen, 'What Level of Domestic Government Health Expenditure Should We Aspire to for Universal Health Coverage', *Health Econ Policy Law* 12:2, 2017, pp. 125–37。

3 WHO, *Global Spending on Health: A World in Transition*, World Health Organization, 2019.

4 ILO, 'World Social Protection Report 2014/15: Building economic recovery, inclusive development and social justice', International Labour Organisation, 2014.

5 世界衛生大會以共識決的方式通過《WHO關於醫務人員國際招聘的全球實務守則》，但關於該守則執行情況的第一份報告認為情況不樂觀。參見Allyn L. Taylor and Ibadat S. Dhillon, 'The WHO Global Code of Practice on the International Recruitment of Health Personnel: The Evolution of Global Health

Diplomacy', *Global Health Governance* V:1, Fall 2011; Amani Siyam, Pascal Zurn, Otto Christian Rø, Gulin Gedik, Kenneth Ronquillo, Christine Joan Co, Catherine Vaillancourt-Laflamme, Jennifer dela Rosa, Galina Perfilieva and Mario Roberto Dal Poz, 'Monitoring the implementation of the WHO Global Code of Practice on the International Recruitment of Health Personnel', *Bulletin of World Health Organization* 91:11, 2013, pp. 816–23。

6 Kenneth Arrow, 'Uncertainty and the Welfare Economics of Medical Care', *American Economic Review* 53:5, 1963, pp. 941–73.

7 Ruud Ter Meulen and Hans Maarse, 'Increasing Individual Responsibility in Dutch Health Care: Is Solidarity Losing Ground?' *Journal of Medicine and Philosophy: A Forum for Bioethics and Philosophy of Medicine* 33:3, June 2008, pp. 262–79.

8 常被用來為公共衛生介入行動辯解的五個標準為：（1）有效；（2）合乎比例；（3）必要；（4）已盡可能減少侵犯權利；以及（5）公共證成（public justification）。James F. Childress, Ruth R. Faden, Ruth D. Gaare, Lawrence O. Gostin, Jeffrey Kahn, Richard J. Bonnie, Nancy E. Kass, Anna C. Mastroianni, Jonathan D. Moreno and Phillip Nieburg, 'Public health ethics: mapping the terrain', *Journal of Law Medical Ethics* 30:2, June 2002, pp. 170–78.

9 Ruben Durante, Luigi Guiso and Giorgio Gulino, 'Asocial capital: Culture and Social Distancing during Covid-19', Centre for Economic Policy Research Discussion Paper DP14820, June 2020; John Barrios, Efraim Benmelech, Yael V. Hochberg, Paola Sapienza and Luigi Zingales, 'Civic Capital and Social Distancing during the Covid-19 Pandemic', National Bureau of Economic Research Working Paper 27320, June 2020; Francesca Borgonovi and Elodie Andrieu, 'The Role of Social Capital in Promoting Social Distancing During the Covid-19 Pandemic in the US', *Vox*, June

2020.

10 Maloney和Taskin分析Google的行動數據，發現在政府實施防疫封鎖措施之前，美國的餐廳訂位量已經顯著減少，參見William Maloney and Temel Taskin, 'Determinants of Social Distancing and Economic Activity During Covid-19: A Global View', World Bank Policy Research Working Paper 9242, World Bank, May 2020。英國方面，Surico (2020) 等人發現，消費萎縮主要發生在全國封鎖措施實施前，參見Paolo Surico, Diego Kanzig and Sinem Hacioglu, 'Consumption in the Time of Covid-19: Evidence from UK Transaction Data', Centre for Economic Policy Research Discussion Paper DP14733, May 2020。Born (2020) 等人發現，瑞典民眾的行動減少至與實施封鎖措施的國家相若，參見Benjamin Born, Alexander Dietrich and Gernot Muller, 'The Lockdown Effect: A Counterfactual for Sweden'. Centre for Economic Policy Research Discussion Paper DP 14744, July 2020。

11 有關醫療體系的組織方式，既有文獻非常多。有些人認為，民眾在醫療服務方面是否有某程度的選擇，以及醫療服務的供給是否有某程度的競爭，比醫療體系是公營或私營來得重要。參見Julian LeGrand , *The Other Invisible Hand: Delivering Public Services Through Choice and Competition*, Princeton University Press, 2007。

12 Viroj Tangcharoensathien, Anne Mills and Toomas Palu, 'Accelerating health equity: the key role of universal health coverage in the Sustainable Development Goals', *BMC Medicine*, 2015, pp. 1–5.

13 Marc J. Epstein and Eric G. Bing, 'Delivering Health Care to the Global Poor: Solving the Accessibility Problem', *Innovations: Technology, Governance, Globalization* 6:2, 2011.

14 Reuters, 'Ant Financial Amasses 50 Million Users, Mostly Low

Income, in New Health Plan', *Reuters: Technology News*, 12 April 2019. 我會注意到這個例子，要感謝 Roger Mountfort。

15 經合組織指出，「美國人的預期壽命，如今比經合組織平均水準80.1歲短一年以上，1970年時卻是比經合組織平均水準長一年。」參見OECD, 'Life expectancy in the US rising slower than elsewhere, says OECD', Organisation for Economic Co-operation and Development, 2013, p.1。有關美國人預期壽命降低的問題，請參考 Ann Case and Angus Deaton, *Deaths of Despair and the Future of Capitalism*, Princeton University Press, 2020。

16 Luca Lorenzoni, Alberto Marino, David Morgan and Chris James, 'Health Spending Projections to 2030: New results based on a revised OECD methodology', OECD Health Working Paper 110, 23 May 2019.

17 Aaron Reeves, Yannis Gourtsoyannis, Sanjay Basu, David McCoy, Martin McKee and David Suckler, 'Financing universal health coverage: effects of alternative tax structures on public health systems: cross-national modelling in 89 low-income and middle-income countries', *Lancet* 386:9990, July 2015, pp. 274–80.

18 Claudine de Meijer, Bram Wouterse, Johan Polder and Marc Koopmanschap, 'The effect of population aging on health expenditure growth: a critical review', *European Journal of Ageing* 10:4, 2013, pp. 353–61.

19 Irene Papanicolas, Alberto Marino, Luca Lorenzoni and Ashish Jha, 'Comparison of Health Care Spending by Age in 8 High-Income Countries', JAMA Network Open, 2020.

20 Nghiem和Connelly發現，雖然人們普遍認為，醫療支出增加主要是因為人口老化，但主要原因其實是我們對新醫療技術的需求增加。人均GDP每增加1％，人均醫療支出就會增加

0.9％。醫療支出增加的主要驅動因素是技術進步，導致醫療支出每年增加4％，而且在研究期間每過十年都加速成長。參見Son Hong Nghiem and Luke Brian Connelly, 'Convergence and determinants of health expenditures in OECD countries', *Health Economics Review* 7:1, 2017, p. 29。有關對收入增加和保險相對於技術進步的影響之評估，可參考Sheila Smith, Joseph P. Newhouse and Mark S. Freeland, 'Income, Insurance, and Technology: Why Does Health Spending Outpace Economic Growth?' *Health Affairs* 28:5, 2009, pp. 1276–84。

21 Lorenzoni et al., 'Health Spending Projections to 2020'.

22 這個方法只有在非專利藥同樣有效的情況下行得通。因為監理不力，非專利藥的品質問題引起了一些爭議。參見Karen Eban, *Bottle of Lies: The Inside Story of the Generic Drug Boom*, Ecco Press, 2020。

23 有關訂價方式如何影響醫療體系效能的透徹分析，可參考Sarah L. Barber, Luca Lorenzoni and Paul Ong, 'Price setting and price regulation in health care: lessons for advancing Universal Health Coverage', World Health Organization and the Organisation for Economic Co-operation and Development, 2019。

24 Alex Voorhoeve, Trygve Ottersen and Ole F. Norheim, 'Making fair choices on the path to universal health coverage: a précis', *Health Economics, Policy and Law*, 2016.

25 McKinsey, *The Social Contract in the 21st Century*, McKinsey Global Institute, 2020.

26 有關先進經濟體的情況，可參考V. G. Paris, G. De Lagasnarie, R. Fujisawa et al., 'How do OECD countries define the basket of goods and services financed collectively', OECD Unpublished Document, 2014。有關開發中國家利用醫療技術評估的例子，參見Corinna Sorenson, 'The role of HTA in coverage

and pricing decisions', *Euro Observer* 11:1, 2009, pp. 1–4; Leon Bijlmakers, Debjani Mueller, Rabia Kahveci, Yingyao Chen and Gert Jan van der Wilt, 'Integrate HTA – A low and middle income perspective', *International Journal of Technology Assessment in Health Care* 33:5, 2017, pp. 599–604。

27 有關評估個人對某些醫療費用責任的框架，可參考Gustav Tinghog, Per Carlsson and Carl Lyttkens, 'Individual responsibility for what? – A conceptual framework for exploring the suitability of private financing in a publicly funded health-care system', *Health Economics Policy and Law Journal* 5:2, 2010, pp. 201–23。

28 有關利用QALY作評估的利弊，下列著作提供了經深思的總結：Emily Jackson, *Medical Law*, Oxford University Press, 2019。

29 Melanie Bertram, Jeremy Lauer, Kees De Joncheere, Tessa Edejer, Raymond Hutubessy, Marie-Paule Kieny and Suzanne Hill, 'Cost-Effectiveness Thresholds: Pros and Cons', *Bulletin of the World Health Organization,* 2016.

30 例如在英國，國家健康與照護卓越研究院以每QALY成本2萬英鎊，作為評估可負擔性的基準。每QALY成本2～3萬英鎊的治療方法，會根據特殊情況（例如病人群體的需求）考慮採用。每QALY成本超過3萬英鎊的治療，原則上不可接受，但在實務中，被否決機率高於50％的門檻為每QALY成本超過4萬英鎊。參見Jackson, *Medical Law*。

31 Karl Claxton quoted in Robin McKie, 'David Cameron's Flagship Cancer Drugs Fund is a Waste of NHS Cash', *Guardian*, 10 January 2015.

32 John Harris, *The Value of Life*, Routledge, 1985, p. 93; Alan Williams, 'Intergenerational Equity: An Exploration of the "Fair Innings' Argument"', *Health Economics* 6:2, March 1997, pp. 117–32.

33 Norman Daniels, *Just Health Care*, Cambridge University Press, 1985; Ronald Dworkin, *Sovereign Virtue: The Theory and Practice of Equality*, Harvard University Press, 2002.

34 Gwyn Bevan and Lawrence D. Brown, 'The political economy of rationing health care in England and the US: the "accidental logics" of political settlements', *Health Economics, Policy and Law* 9:3, 2014, pp. 273–94.

35 Henry J. Aaron and William B. Schwartz, *The Painful Prescription*, Brookings Institution, 1984.

36 Nina Bernstein, 'With Medicaid, Long-Term Care of Elderly Looms as Rising Cost', *New York Times*, 7 September 2012.

37 Marc Mitchell and Lena Kan, 'Digital Technology and the Future of Health Systems', *Health Systems and Reform* 5:2, pp. 112–20.

38 R. L. Cutler, F. Fernandez-Llimos, M. Frommer et al., 'Economic impact of medication non-adherence by disease groups: a systematic review', *British Medical Journal Open*, 2018.

39 例如Google DeepMind與Royal Free NHS Foundation Trust曾有一項合作，測試一個診斷和檢測急性腎損傷的系統，而該專案被發現在通知病人他們的數據將被用作測試方面控管不力。Information Commissioner's Office, 'Royal Free-Google Deep Mind Trial Failed to Comply with Data Protection Law', UK Government Information Commissioner, 3 July 2017.

40 例如來自世界各地的專家和公民創建了「全球資訊網契約」（Contract for the Web），以確保數位世界是安全的、賦權的，以及真正對所有人開放的。在提姆‧柏內茲－李（Tim Berners-Lee）領導下，它為政府、公司、公民社會組織和個人，制定了承諾維護數據隱私的原則。參見contractfortheweb.org。

41 Rebecca Masters, Elspeth Anwar, Brendan Collins, Richard Cookson and Simon Capewell, 'Return on investment of public health interventions: a systematic review', *Journal of Epidemiology and Community Health, British Medical Journals,* 2017.

42 David J. Hunter, *Desperately Seeking Solutions: Rationing Health Care*, Longman, 1997.

43 M. Ezzati, S. Vander Hoorn, C. M. M. Lawes, R. Leach, W. P. T. James, A. D. Lopez et al., 'Rethinking the "Diseases of Affluence" Paradigm: Global Patterns of Nutritional Risks in Relation to Economic Development', *PLoS Medicine,* 2005.

44 P. H. M. van Baal, J. J. Polder, G. A. de Wit, R. T. Hoogenveen, T. L. Feenstra, H. C. Boshuizen et al., 'Lifetime Medical Costs of Obesity: Prevention No Cure for Increasing Health Expenditure', *PLoS Medicine,* 2008.

45 Mark Goodchild, Nigar Nargis and Tursan d'Espaignet, 'Global economic cost of smoking-attributable diseases', *Tobacco Control* 27:1, 2018, pp. 58–64.

46 Lord Darzi, 'Better health and care for all: A 10 Point Plan for the 2020s: Final Report of the Lord Darzi Review of Health and Care', Institute for Public Policy Research, 2018.

47 A. W. Cappelen and O. F. Norheim, 'Responsibility in health care: a liberal egalitarian approach', *Journal of Medical Ethics,* 2005.

48 下列文章對父權主義與公共衛生，提出了很有見解的分析：L. O. Gostin and K. G. Gostin, 'A broader liberty: J. S. Mill, paternalism and the public's health', *Public Health,* 2009。

49 John Stuart Mill, *On Liberty*, Cambridge University Press, 1859.

50 John Rawls, *A Theory of Justice*, Harvard University Press, 1971; Sen, *Development as Freedom*.

51 David Buchanan, 'Autonomy, Paternalism, and Justice: Ethical Priorities in Public Health', *American Journal of Public Health*, January 2008.

52 U.S. National Cancer Institute and World Health Organization, *The Economics of Tobacco and Tobacco Control*, National Cancer Institute Tobacco Control Monograph 21, NIH Publication 16–CA-8029A., U.S. Department of Health and Human Services, National Institutes of Health, National Cancer Institute and World Health Organization, 2016.

53 Bundit Sornpaisarn, Kevin Shield, Joanna Cohen, Robert Schwartz and Jürgen Rehm, 'Elasticity of alcohol consumption, alcohol-related harms, and drinking initiation in low- and middle-income countries: A systematic review and meta-analysis', *International Journal of Drug and Alcohol Research* 2:1, 2013, pp. 45–58.

54 L. M. Powell, J. F. Chriqui, T. Khan, R. Wada and F. J. Chaloupka, 'Assessing the potential effectiveness of food and beverage taxes and subsidies for improving public health: a systematic review of prices, demand, and body weight outcomes', *Obesity Reviews* 14:2, 2013, pp.110–28.

55 Michael W. Long, Steven L. Gortmaker, Zachary J. Ward, Stephen C. Resch, Marj L. Moodie, Gary Sacks, Boyd A. Swinburn, Rob C. Carter and Y. Claire Wang, 'Cost-effectiveness of a sugar-sweetened beverage excise tax in the U.S.', *American Journal of Preventive Medicine* 49:1, pp. 112–23.

56 Luz Maria Sánchez-Romero, Joanne Penko, Pamela G. Coxson, Alicia Fernández, Antoinette Mason, Andrew E. Moran, Leticia Ávila-Burgos, Michelle Odden, Simón Barquera and Kirsten Bibbins-Domingo, 'Projected Impact of Mexico's Sugar-Sweetened Beverage Tax Policy on Diabetes and Cardiovascular Disease: A Modeling Study', *PLoS Medicine* 13:11, e.1002158; Adam D.

M. Briggs, Oliver T. Mytton, Ariane Kehlbacher, Richard Tiffin, Ahmed Elhussein, Mike Rayner, Susan A. Jebb, Tony Blakely and Peter Scarborough, 'Health impact assessment of the UK soft drinks industry levy: a comparative risk assessment modelling study', *Lancet Public Health* 2:1, e.15–22; Ashkan Afshin, Renata Micha, Michael Webb, Simon Capewell, Laurie Whitsel, Adolfo Rubinstein, Dorairaj Prabhakaran, Marc Suhrcke and Dariush Mozaffarian, 'Effectiveness of Dietary Policies to Reduce Noncommunicable Diseases', in Dorairaj Prabhakaran, Shuchi Anand, Thomas A Gaziano, Jean-Claude Mbanya, Yangfeng Wu and Rachel Nugent (editors), *Disease Control Priorities*, 3rd edition, World Bank, 2017.

57 20兆美元的額外稅收是折為現值的估計值。The Task Force on Fiscal Policy for Health, *Health Taxes to Save Lives: Employing Effective Excise Taxes on Tobacco, Alcohol and Sugary Beverages*, Bloomberg Philanthropies, April 2019.

58 Dawn Wilson, Kate Lorig, William M. P. Klein, William Riley, Allison Sweeney and Alan Christensen, 'Efficacy and Cost-Effectiveness of Behavioral Interventions in Nonclinical Settings for Improving Health Outcomes', *Health Psychology* 38:8, 2019, pp. 689–700.

59 Emma Beard, Robert West, Fabiana Lorencatto, Ben Gardner, Susan Michie, Lesley Owens and Lion Shahab, 'What do cost effective health behaviour-change interventions contain? A comparison of six domains', *PLoS One,* 14:4, 2019.

60 「助推」一詞,源自很受重視的著作《推出你的影響力》(*Nudge*)。助推措施致力以非家長作風的方式,改變人們的行為。例如針對糖攝取量太高的問題,助推措施不會管制食品的含糖量,而是會把健康食品放在最可能獲消費者選購的地方,同時將甜食放在難以接近的地方。正如《推出你的影

響力》的作者所講：「介入措施必須是容易規避而且規避成本相當低，才能算是單純的助推。助推不是強制規定。把水果放在容易看到的地方是助推，禁止垃圾食品則不是。」參見Richard Thaler and Cass Sunstein, *Nudge*, Yale University Press, 2008。

61 Chris Perry, Krishna Chhatralia, Dom Damesick, Sylvie Hobden and Leanora Volpe, 'Behavioral Insights in Health Care: Nudging to Reduce Inefficiency and Waste', The Health Fund, December 2015.

62 Michael Marmot and Richardson G. Wilkinson, *Social Determinants of Health*, Oxford University Press, 1999; Richardson G. Wilkinson, *The Impact of Inequality: How to Make Sick Societies Healthier*, W. W. Norton, 2005.

63 Michael Marmot and Jessica Allen, 'Social Determinants of Health Equity', *American Journal of Public Health*, September 2014.

5 工作

1 許多地方在當地重要工廠關閉之後，未能有效創造新機會，下列著作對此有細心的描述：Goldstein, *Janesville*。

2 Paul Collier, *The Future of Capitalism: Facing the New Anxieties*, Allen Lane, 2018. 冠狀病毒大流行顯著提高了遠距工作的普及程度，可能因此改變工作的地理分布，使許多工作變得可以在任何地方做。這可能會減少一些國家的地區差異，雖然現在下結論還為時過早。

3 在撒哈拉以南非洲地區，非正規就業占勞動市場70％以上，在南亞為60％，在拉丁美洲為50％。參見World Bank, 'World Development Report: The Changing Nature of Work'。

4 2000年至2018年間，兼職有償工作是整體就業成長的主要驅

動力。在21個國家中的18個，兼職有償工作所占比例平均增加4.1個百分點，相當於2,900萬個職位，全職工作所占比例則下降1.4個百分點。參見McKinsey, *The Social Contract*。

5　自2006年以來，在經合組織中，若干國家的平均工作穩定性（以當前工作做了多久衡量）有所上升。但是，這是因為年長勞工的比例上升所致，他們通常做當前工作比較久。如果剔除此一因素，多數國家的工作穩定性其實有所降低。參見OECD, *OECD Employment Outlook: The Future of Work*。

6　Franz Eiffe, Agnès Parent-Thirion and Isabella Biletta, *Working Conditions: Does employment status matter for job quality?* Eurofound, Publications Office of the European Union, 2018.

7　Vinny Kuntz, 'Germany's two-tier labour market,' *Handelsblatt Today*, 9 December 2016; Nathan Hudson-Sharp and Johnny Runge, *International trends in insecure work: A report for the Trades Union Congress*, National Institute of Economic and Social Research, May 2017.

8　Nikhil Datta, Giulia Giupponi and Stephen Machin, 'Zero Hours Contracts', *Economic Policy*, July 2019.

9　Lawrence F. Katz and Alan B. Krueger, 'The rise and nature of alternative work arrangements in the United States, 1995–2015', *ILR Review* 72:2, March 2019, pp. 382–416.

10　Tito Boeri, Giulia Giupponi, Alan B. Krueger, and Stephen Machin, 'Solo Self-Employment and Alternative Work Arrangements: A Cross-Country Perspective on the Changing Composition of Jobs', *Journal of Economic Perspectives* 34:1, Winter 2020.

11　Jelle Visser, 'Can Unions Revitalise Themselves?' *International Journal of Labour Research* 9:1–2, 2019, pp. 17–48.

12　International Labour Organization, 'Industrial relations data',

ILOSTAT database, 2020, https://ilostat.ilo.org/data.

13　Truman Packard, Ugo Gentilini, Margaret Grosh, Philip O'Keefe, Robert Palacios, David Robalino and Indhira Santos, *Protecting All: Risk Sharing for a Diverse and Diversifying World of Work*, Human Development Perspectives, World Bank, p. 143.

14　哥倫比亞大學一項研究發現，在1982年經濟衰退期間遭解雇的德國勞工，15年後收入比當年沒被解雇的同儕少10％至15％。在美國，該數字為15％至20％。紐約州立大學的一項研究發現，被解雇的勞工在被解雇後一年內，出現新的健康問題的機率比沒被解雇的勞工高83％；其他研究則發現，勞工失去工作會使他們的預期壽命縮短。曼徹斯特大學的研究發現，在英國，被解雇的勞工信任他人的可能性，比沒被解雇的勞工低4.5％，而且這種影響十年後仍存在。下列文獻引用了這些研究：McKinsey, *The Social Contract*, p. 59。

15　威斯康辛大學麥迪遜分校與南卡羅來納大學的一項研究發現，影響1％員工的裁員行動，平均導致自願離職率在最初的裁員之後上升31％。斯德哥爾摩大學與坎特伯雷大學的研究人員發現，裁員行動倖存者的工作滿意度下降41％，工作投入程度下降36％，工作績效降低20％。參見McKinsey, *The Social Contract*, p. 59; Johannes F. Schmieder, Till von Wachter and Stefan Bender, *The long-term impact of job displacement in Germany during the 1982 recession on earnings, income, and employment*, Columbia University Department of Economics Discussion Paper 0910-07, 2010; Kate W. Strully, 'Job loss and health in the US labor market', *Demography* 46:2, May 2009, pp. 221–46; James Lawrence, '(Dis)placing trust: The long-term effects of job displacement on generalized trust over the adult life course', *Social Science Research* 50, March 2015, pp. 46–59; Jena McGregor, 'Getting laid off can make people less trusting for years', *Washington Post*, 19 March 2015; Charlie O. Trevor and Anthony J. Nyberg, 'Keeping your headcount when all about you are losing theirs: Downsizing, voluntary turnover rates, and the moderating role of HR practices', *Academy of Management Journal* 51:2, April 2008, pp. 259–76; Sandra J. Sucher and Shalene Gupta, 'Layoffs that don't break your company', *Harvard Business Review*, May–June 2018。

16 McKinsey, *The Social Contract.*

17 European Commission, 'Study on employment and working conditions of aircrews in the European internal aviation market', European Commission, 2019.

18 Richard Susskind and Daniel Susskind, *The Future of the Professions: How Technology Will Transform the World of Human Experts*, Oxford University Press, 2015.

19 Herbert Simon, 'Automation', *New York Review of Books*, 26 May 1966.

20 Martin Sandbu, *The Economics of Belonging*, Princeton University Press, 2020.

21 超過90％的國際勞工組織成員國，設有一種或更多的最低工資，可能是源自立法或雇主與工會談判的結果。參見ILO, *Minimum Wage Policy Guide*, International Labour Organization, 2016。

22 Frank Pega, Sze Yan Liu, Stefan Walter, Roman Pabayo, Ruhi Saith and Stefan K Lhachimi, 'Unconditional cash transfers for reducing poverty and vulnerabilities: effect on use of health services and health outcomes in low- and middle- income countries', *Cochrane Database of Systematic Reviews* 11, 2017; Independent Commission for Aid Impact, *The Effects of DFID's Cash Transfer Programmes on Poverty and Vulnerability: An Impact Review*, Independent Commission for Aid Impact, 2017; Francesca Bastagli, Jessica Hagen-Zanker, Luke Harman, Valentina Barca, Georgina Sturge

and Tanja Schmidt, with Luca Pellerano, 'Cash transfers: what does the evidence say? A rigorous review of programme impact and of the role of design and implementation features', Overseas Development Institute, July 2016.

23 Guy Standing, *Basic Income: And How We Can Make it Happen*, Pelican Books, 2017.

24 Anna Coote and Edanur Yazici, *Universal Basic Income: A Union Perspective*, Public Services International and the New Economics Foundation, April 2019.

25 Sigal Samuel, 'Everywhere Basic Income has been Tried in One Map: Which Countries Have Experimented with Basic Income and What were the results?' *Vox*, 19 February 2020.

26 IMF估計，在一些國家，提供全民基本收入的成本為GDP的 3〜6%。參見IMF, *Fiscal Monitor: Tackling Inequality*, International Monetary Fund, October 2017。

27 Dominique Guillaume, Roman Zytek and Mohammad Reza Farzin, 'Iran—The Chronicles of the Subsidy Reform', Working Paper, IMF Middle East and Central Asia Department, July 2011.

28 Thomas Piketty, *Capital and Ideology*, Harvard University Press, 2020. 美國方面，Ackerman和Alstott主張，政府在國民21 歲時授予8萬美元的資本。參見Bruce Ackermann and Anne Alstott, *The Stakeholder Society*, Yale University Press, 1999。

29 O. Bandiera, R. Burgess, N. Das, S. Gulesci, I. Rasul and M Sulaiman, 'Labor Markets and Poverty in Village Economies', *Quarterly Journal of Economics* 132:2, 2017, pp. 811–70.

30 Mosely B. Ingham, 'The Fundamental Cure for Poverty is Not Money But Knowledge: Lewis's Legacy', in *Sir Arthur Lewis*, Great Thinkers in Economics Series, Macmillan, 2013.

31 Brian Bell, Mihai Codreanu and Stephen Machin, 'What can previous recessions tell us about the Covid-19 downturn?' Paper 007, Centre for Economic Performance, London School of Economics, August 2020. Shania Bhalotia, Swati Dhingra and Fjolla Kondirolli, 'City of Dreams no More: The Impact of Covid-19 on Urban Workers in India', Centre for Economic Performance, London School of Economics, September 2020. Jack Blundell and Stephen Machin, 'Self-employment in the Covid-19 crisis', Centre for Economic Performance, London School of Economics, May 2020.

32 'Why so Many Dutch People Work Part-time', *The Economist*, 11 May 2015.

33 Matthew Taylor, Greg Marsh, Diane Nicol and Paul Broadbent, *Good Work: The Taylor Review of Modern Working Practices*, Department for Business, Energy and Industrial Strategy, 2018, p. 72.

34 McKinsey, *The Social Contract*.

35 Nikhil Datta, Giulia Giupponi and Stephen Machin, 'Zero Hours Contracts and Labour Market Policy', *Economic Policy* 34:99, July 2019, pp. 369–427.

36 Tito Boeri, Giulia Giupponi, Alan B. Krueger and Stephen Machin, 'Solo Self-Employment and Alternative Work Arrangements: A Cross-Country Perspective on the Changing Composition of Jobs', *Journal of Economic Perspectives*, Winter 2020.

37 Taylor et al., *Good Work*.

38 Larry Fink, 'Profit & Purpose: Larry Fink's 2019 Letter to CEOs', *BlackRock*, 2019; Colin Mayer, *Principles for Purposeful Business*, British Academy, 2019.

39 Dani Rodrik and Charles Sabel, 'Building a Good Jobs Economy', HKS Working Paper RWP20–001, November 2019; Paul Osterman, 'In Search of the High Road: Meaning and Evidence', *International Labour Review* 71:1, 2018, pp. 3–34.

40 Kurt Vandaele, 'Will trade unions survive in the platform economy? Emerging patterns of platform workers' collective voice and representation in Europe', ETUI Working Paper 2018/5, European Trade Union Institute, 2018.

41 David Card, Jochen Kluve and Andrea Weber, 'What Works? A Meta-Analysis of Recent Active Labor Market Program Evaluations', *Journal of the European Economic Association* 16:3, June 2018, pp. 894–931; John P. Martin, 'Activation and active labour market policies in OECD countries: stylised facts and evidence on their effectiveness', IZA Policy Paper 84, June 2014; Gordon Betcherman, Karina Olivas and Amit Dar, 'Impacts of Active Labour Market Programs: New Evidence from Evaluations', Social Protection Discussion Paper 0402, World Bank, 2004; Amit Dar and Zafiris Tsannatos, 'Active Labour Market Programmes: A Review of the Evidence from Evaluations', Social Protection Discussion Paper 9901, World Bank, 1999.

42 Verónica Escudero, 'Are active labour market policies effective in activating and integrating low-skilled individuals? An international comparison', *IZA Journal of Labour Policy* 7:4, 2018.

43 Thomas Kochan and William Kimball, 'Unions, Worker Voice, and Management Practices: Implications for a High-Productivity, High-Wage Economy', *RSF: The Russell Sage Foundation Journal of the Social Sciences* 5:5, December 2019.

44 OECD, 'Back to Work: Sweden: Improving the Re-employment Prospects of Displaced Workers', Organisation for Economic Co-operation and Development, 2015. 另一個成功例子是：1992年

成立於德州聖安東尼奧市的QUEST〔技能培訓造就優質就業（Quality Employment through Skills Training）〕。1980年代末，聖安東尼奧受一波工廠倒閉潮衝擊，這是即將發生的經濟廣泛失調的前兆。遭裁員的勞工欠缺技能從事醫療照護、資訊科技和其他部門創造的新工作，而他們符合資格的服務業工作則是工資太低，不足以支持中產階級家庭的生活。兩個基於信仰的組織與該地區以西班牙語裔為主的民眾、社區學院和雇主合作，利用強大的管理資訊系統，為面臨困難的勞工提供密集的諮詢、培訓和財務援助。九年後的評估顯示，參與者的收入比對照組多10％左右，而且得益最多的是面臨最大風險的群體。參見Anne Roder and Mark Elliott, *Nine Year Gains: Project QUEST's Continuing Impact*, Economic Mobility Corporation, 2019; Dani Rodrik and Charles Sabel, 'Building a Good Jobs Economy'; Ida Rademacher, Marshall Bear and Maureen Conway, 'Project QUEST: a case study of a sectoral employment development approach', Sectoral Employment Development Learning Project Case Studies Series, Economic Opportunities Program, Aspen Institute, 2001。

45 OECD, 'Getting Skills Right: Engaging low skilled adults in learning', Organisation for Economic Co-operation and Development, 2019; OECD, 'Back to Work: Sweden'; Eurofound, *Working Conditions: Does employment status matter for job quality?*

46 Danish Government, *Prepared for the future of work: Follow-up on the Danish Disruption Council*, Danish Government, February 2019.

47 OECD, Back to Work: Improving the Reemployment Prospects of Displaced Workers, OECD, 2016.

48 Erik Brynjolfsson and Paul Milgrom, 'Complementarity in Organizations', in Robert Gibbons and John Roberts (editors), *The Handbook of Organizational Economics*, Princeton University

Press, 2012.

49 Lorin Hitt and Prasanna Tambe, 'Health Care Information Technology, Work Organisation and Nursing Home Performance,' *ILR Review* 69:4, March 2016, pp. 834–59.

50 WEF, *Towards a Reskilling Revolution: A Future of Jobs for All*, World Economic Forum, 2019.

6 養老

1 如果不改變政策，未來三十年間，人口老化壓力可能使G20先進經濟體的公共債務負擔平均增幅達到GDP的180％，而G20新興經濟體的平均增幅則是GDP的130％。如果要穩定公共債務對GDP的比率在目前水準，則在2060年前，G20國家的稅收增幅必須達到GDP的4.5百分點至11.5個百分點。參見Dorothée Rouzet, Aida Caldera Sánchez, Théodore Renault and Oliver Roehn, 'Fiscal Challenges and Inclusive Growth in Ageing Societies', OECD Economic Policy Paper 27, September 2019。

2 一些國家以私人出資的強制性確定提撥型計畫，取代公共的隨收隨付的確定給付型計畫，例如智利和墨西哥分別在1981年和1997年這麼做。較近期而言，為了補公共養老金計畫之不足，愛沙尼亞、匈牙利、波蘭、斯洛伐克和瑞典，引入了私人出資的強制性確定提撥型計畫，或是提高了這些計畫的提撥率。在荷蘭，針對養老金規則的連續調整，已使該國的確定給付型計畫變得比較像一種混合制度。在美國等其他國家，確定給付型計畫在職業養老金中的比例已經逐漸降低，確定提撥型計畫則增加。OECD, *Pensions at a Glance 2019: OECD and G20 Indicators*, Organisation for Economic Co-operation and Development, 2019.

3 例如改革包括提高提撥率（加拿大、英國），縮減給付或限制養老金與通膨連動（阿根廷、希臘），將養老金與預期壽

命連動（日本），提高退休年齡（印尼、俄羅斯、英國），以及減少提早退休的選擇。Rouzet et al., 'Fiscal Challenges' 提供了許多例子。

4　Friedrich Breyer and Ben Craig, 'Voting on Social Security: Evidence from OECD Countries,' *European Journal of Political Economy* 13:4, 1997, pp. 705–24.

5　參見 Box 2 in Rouzet et al., 'Fiscal Challenges', p. 29。

6　Rouzet et al., 'Fiscal Challenges'.

7　經合組織估計，如果在2015年至2060年間，退休年齡提高3年（期間65歲時的預期壽命，預計將平均增加4.2年），低教育程度退休者可以領到的總養老金，相對於高教育程度退休者將僅減少2.2％。參見 OECD, *Preventing Ageing Unequally*, Organisation for Economic Co-operation and Development, 2017, p.41。

8　經合組織指出：「考慮到預期壽命的社會經濟差異的養老金政策措施，可以針對給付公式（給予低收入較高的應計率，葡萄牙是個例子），提撥率的水準（提撥率隨收入提高，巴西是個例子），或針對養老金提撥而非給付設定較高的工資上限。在確定提撥型計畫中，用來將資產轉換為養老金給付的年金因子可以特別設定，使應計養老金收入較低者（平均而言比較早死）獲得較多養老金，而應計養老金收入較高者（平均而言比較長壽）獲得較少養老金。英國以私營的『增強型年金』，為此提供了一個罕見的例子：針對所累積的養老金資產相同的人，那些具有與較短預期壽命有關的健康或行為因素的人——例如吸菸、肥胖或心血管疾病等，在社會經濟條件較差的人當中比較常見，可以獲得較高的年金。經合組織呼籲針對社會經濟條件不同的群體，提供比較準確的死亡率數據，以便為健康風險較高的人，提供較高的養老金給付。但『獎勵』高風險行為的計畫，應審慎設計。」參見 OECD, *Preventing Ageing Unequally*, p. 59。

9   Nicholas Barr, 'Gender and Family: Conceptual Overview,' World Bank Discussion Paper 1916, April 2019.

10 Richard H. Thaler and Shlomo Benartzi, 'Save More Tomorrow™: Using Behavioral Economics to Increase Employee Saving', *Journal of Political Economy* 112:S1, 2004, S164–S187.

11 有關這些問題的具體討論，可參考 OECD, *Preventing Ageing Unequally*。

12 日本的所得稅設有配偶扣除額，這對女性的工作意欲有不利影響。參見 Randall S. Jones and Haruki Seitani, 'Labour Market Reform in Japan to Cope with a Shrinking and Ageing Population', Economics Department Working Paper 1568, Organisation for Economic Co-operation and Development, 2019; 'Japan: Selected Issues', IMF Country Report 17/243, IMF Asia Pacific Department, 2017, IMF International Monetary Fund, Organisation for Economic Co-operation and Development。

13 Rouzet et al., 'Fiscal Challenges'.

14 Asli Demirguc-Kunt, Leora Klapper, Dorothe Singer, Saniya Ansar and Richard Jake Hess, *The Global Findex Database 2017: Measuring Financial Inclusion and the Fintech Revolution*, World Bank Group, 2018.

15 Merve Akbas, Dan Ariely, David A. Robalino and Michael Weber, 'How to Help the Poor to Save a Bit: Evidence from a Field Experiment in Kenya', IZA Discussion Paper 10024, IZA, 2016.

16 Kevin Wesbroom, David Hardern, Matthew Arends and Andy Harding, 'The Case for Collective DC: A new opportunity for UK pensions', White Paper, Aon Hewitt, November 2013.

17 在美國，只有約40％的雇主提供彈性工作時間安排；在歐洲，55歲以上人士近80％表示，完全停止工作的一個重要

原因是：沒有機會可以藉由縮減工作時間逐步退休。參見
Rouzet et al., 'Fiscal Challenges', p. 49。

18 舉一些例子：德國提供工資和培訓費用補助，鼓勵企業為低
技能者和45歲以上勞工提供培訓。澳洲正在擴大對50歲以上
勞工的技能評估和指導。南韓提供可用來購買經核准培訓課
程的培訓券，受助對象包括40歲以上的勞工、非正式勞工，
以及願意主動進行培訓的中小型企業。Rouzet et al., 'Fiscal
Challenges', p. 42.

19 Lindsay Flynn and Herman Mark Schwartz, 'No Exit: Social
Reproduction in an Era of Rising Income Inequality,' *Politics &
Society* 45:4, 2017, pp. 471–503.

20 OECD, *Preventing Ageing Unequally*.

21 Kaare Christensen, Gabriele Doblhammer, Roland Rau and James
W Vaupel, 'Ageing Populations: The Challenges Ahead,' *Lancet*
374:9696, 2009, pp. 1196–208.

22 與Manton有關的動態均衡假說認為，壽命延長的年數與身
體健康（沒有失能或健康狀況不佳問題）的年數增幅相同。
參見Kenneth G. Manton, 'Changing Concepts of Morbidity
and Mortality in the Elderly Population', *Milbank Memorial Fund
Quarterly, Health and Society* 60:2, 1982, pp. 183–244。Lindgren
的檢視發現，高收入國家的經驗傾向支持健康老化的假
說。參見Bjorn Lindgren, 'The Rise in Life Expectancy, Health
Trends among the Elderly, and the Demand for Care – A Selected
Literature Review', NBER Working Papers 22521, National Bureau
of Economic Research, 2016。

23 相對於養老金領取者的可支配收入，照護服務可能相當昂
貴。在有數據可查的13個綜合組織國家，每週6.5小時的專業
照護，平均相當於65歲以上人士可支配收入中位數的一半。
至於照護服務需求特別大的人（每週需要超過40小時的照

護），照護服務支出平均相當於老人可支配收入中位數的三倍。對這些人來說，機構式照護雖然比較便宜，但費用仍超過老人可支配收入中位數的兩倍。只有最富裕的老人，可以用他們的收入支付中等需求的照護費用。每週22.5小時居家專業照護的費用，相當於所得分配第80百分位數者可支配收入的96％，卻是第20百分位數者可支配收入的兩倍以上。參見OECD, *Preventing Ageing Unequally*, p. 239。

24 有關英國將社會照護與醫療照護分開如何導致效率低下，參見Ruth Thorlby, Anna Starling, Catherine Broadbent and Toby Watt, 'What's the Problem with Social Care and Why Do We Need to Do Better?' Health Foundation, Institute for Fiscal Studies, King's Fund and Nuffield Trust, 2018。

25 Du Peng, 'Long-term Care of Older Persons in China', SDD-SPPS Project Working Paper Series, United Nations Economic and Social Commission for Asia and the Pacific, 2015.

26 Tineke Fokkema, Jenny De Jong Gierveld and Peal A. Dykstra, 'Cross-national Differences in Older Adult Loneliness,' *Journal of Psychology* 146:1–2, 2012, pp. 201–28.

27 2013年，在社會保障水準偏低的國家（長期照護公共支出低於GDP的1％），50歲以上的女性提供日常非正式照護的可能性，比男性同儕高41％。在社會保障水準較高的國家（長期照護公共支出高於GDP的2％），該數字僅為23％。參見OECD, *Preventing Ageing Unequally*, p. 246。

28 非正式照護者的心理健康問題比其他人多20％，而且更有可能停止工作或減少工作時間。參見OECD, *Help Wanted? Providing and Paying for Long-Term Care*, OECD Publishing, 2011。這些代價不成比例地落在女性身上；在經合組織國家，女性占非正式照護者55％至70％。參見OECD, *Health at a Glance 2015: OECD Indicators*, OECD Publishing, 2015。

29 Duncan Jeffries, 'Are Carebots the solution to the Elderly Care Crisis?' *Hack and Craft*, 13 February 2019.

30 Junko Saito, Maho Haseda, Airi Amemiya, Daisuke Takagi, Katsunori Kondo and Naoki Kondo, 'Community-based care for healthy ageing: lessons from Japan', *Bulletin of the World Health Organization* 97:8, 2019, pp. 570–74.

31 Claire McNeil and Jack Hunter, *The Generation Strain: Collective Solutions to Care in an Ageing Society*, Institute for Public Policy Research, April 2014.

32 有關這些問題的深入討論,可參考 Atul Gawande, *Being Mortal: Illness, Medicine and What Matters in the End*, Profile Books, 2015。

33 Eric B. French, Jeremy McCauley, Maria Aragon, Pieter Bakx, Martin Chalkley, Stacey H. Chen, Bent J. Christensen, Hongwei Chuang, Aurelie Côté-Sergent, Mariacristina De Nardi, Elliott Fan, Damien Échevin, Pierre-Yves Geoffard, Christelle Gastaldi-Ménager, Mette Gørtz, Yoko Ibuka, John B. Jones, Malene Kallestrup-Lamb, Martin Karlsson, Tobias J. Klein, Grégoire de Lagasnerie, Pierre-Carl Michaud, Owen O'Donnell, Nigel Rice, Jonathan S. Skinner, Eddy van Doorslaer, Nicolas R. Ziebarth and Elaine Kelly, 'End-Of-Life Medical Spending In Last Twelve Months Of Life Is Lower Than Previously Reported', *Health Affairs* 36:7, 2017, pp. 1211–21.

34 Deborah Carr and Elizabeth A. Luth, 'Well-Being at the End of Life', *Annual Review of Sociology* 45, 2019, pp. 515–34.

35 檢視2011年至2016年間發表、涉及近80萬名被研究者的150項研究,結論是只有37％的美國成年人完成了預立醫囑。參見 Kuldeep N. Yadav, Nicole B. Gabler, Elizabeth Cooney, Saida Kent, Jennifer Kim, Nicole Herbst, Adjoa Mante, Scott D. Halpern

and Katherine R. Courtright, 'Approximately One in Three US Adults Completes Any Type of Advance Directive For End-Of-Life-Care', *Health Affairs (Milwood)* 36:7, 2017, pp. 1244–51。但是，在65歲以上的成年人、患有絕症的人和最近去世的人當中，該比例高達70％。參見Deborah Carr and Sara M. Moorman, 'End-of-Life Treatment Preferences Among Older Adults: An Assessment of Psychosocial Influences', *Sociological Forum* 24:4, December 2009, pp. 754–78; Maria J. Silveira, Scott Y. H. Kim and Kenneth M. Langa, 'Advance Directives and Outcomes of Surrogate Decision Making before Death', *New England Journal of Medicine* 362, 2010, pp. 1211–18。

36 Benedict Clements, Kamil Dybczak, Vitor Gaspar, Sanjeev Gupta and Mauricio Soto, 'The Fiscal Consequences of Shrinking Populations', IMF Staff Discussion Note, October 2015.

37 Noëmie Lisack, Rana Sajedi and Gregory Thwaites, 'Demographic trends and the real interest rate', Staff Working Paper 701, Bank of England, December 2017; Carlos Carvalho, Andrea Ferrero and Fernanda Nechio, 'Demographics and real interest rates: Inspecting the mechanism', *European Economic Review* 88, September 2016, pp. 208–26.

38 Takako Tsutsi and Naoko Muramatsu, 'Care-Needs Certification in the Long-Term Care Insurance System of Japan', *Journal of American Geriatrics Society* 53:3, 2005, pp. 522–27.

39 OECD, *Preventing Ageing Unequally.*

40 下列文獻對這些問題闡述得很好：Andrew Dilnot, 'Final Report on the Commission on Funding of Care and Support', UK Government, 2010。

7　世代之間

1　代際社會契約的另一個方面是,關於我們因為過去的錯誤而
對以往世代的虧欠,以及如何補償他們的後代。針對奴隸制
作出賠償,或歸還因為殖民統治或戰爭而取得的物品,相關
爭論是這個問題的例子。雖然超出了本書的範圍,越來越多
人認為,公開透明對我們處理相關問題十分重要。

2　古美索不達米亞的《漢摩拉比法典》,允許債務人保證由一
名家庭成員藉由工作償債,工作年期可以長達三年。根據
《大憲章》,在封建時代的英格蘭,父母的債務可以由子女繼
承。南亞部分地區至今仍有安排兒童當奴工來償債的做法,
雖然這是違法的。

3　在經合組織國家,60～64歲者的收入平均,比30～34歲者累
計多增加13%。自1980年代中以來,在多數經合組織國家,
貧困風險已經從老年群體向年輕群體轉移。除了那些在2008
年金融危機中受打擊最嚴重的國家,養老金領取者相對受保
護。但是,75歲以上的人,仍是最容易陷入貧困的。OECD,
Preventing Ageing Unequally.

4　Fahmida Rahman and Daniel Tomlinson, *Cross Countries:
International Comparisons of Intergeneration Trends,*
Intergenerational Commission Report, Resolution Foundation,
2018. 有關英國代際問題的較廣泛討論,可參考David Willets,
*The Pinch: How the Baby Boomers Took Their Children's Future –
And Why They Should Give It Back,* Atlantic Books, 2010。

5　我將集中討論政府債務,因為由社會共同承擔,必須靠未來
的稅收償還。家庭、企業和金融部門的債務,是由私人和公
司承擔,償債(至少在理論上)是他們的責任。當然,如果
政府出手紓困,這些私人債務就可能變成社會的負擔。

6　Intergovernmental Panel on Climate Change, *Special Report:
Global Warming of 1.5°C',* United Nations, 2018.

7　Partha Dasgupta, *The Dasgupta Review: Independent Review of the Economics of Biodiversity*, Interim Report, Her Majesty's Treasury, UK Government, April 2020.

8　Shunsuke Managi and Pushpam Kumar, *Inclusive Wealth Report 2018: Measuring Progress Towards Sustainability*, Routledge, 2018.

9　Dasgupta, *The Dasgupta Review*, Box 2A.

10　World Commission on Environment and Development, *Our Common Future*, Oxford University Press, 1987.

11　Robert M. Solow, 'Sustainability: An Economist's Perspective', J. Seward Johnson Lecture, Woods Hole Oceanographic Institution, 1991.

12　下列著作第6章對相關爭論的總結很有參考價值：Nicholas Stern, *Why are We Waiting? The Logic, Urgency, and Promise of Tackling Climate Change*, MIT Press, 2015。亦參見Axel Gosseries, 'Theories of intergenerational justice: a synopsis', *Surveys and Perspectives Integrating Environment and Society* 1:1, May 2008。

13　有關這個問題可以引起多大爭議，可參考William D. Nordhaus, 'A Review of the Stern Review on the Economics of Climate Change', *Journal of Economic Literature* 45:3, September 2007, pp. 686–702; Graciela Chichilnisky, Peter J. Hammond and Nicholas Stern, 'Fundamental utilitarianism and intergenerational equity with extinction discounting', *Social Choice and Welfare* 54, 2020, pp. 397–427。各方有共識的是，必須藉由某個正數的時間偏好率（positive rate of time preference），將滅絕風險納入考量。

14　Walter Mischel and Ebbe B. Ebbesen, 'Attention in Delay of Gratification', *Journal of Personality and Social Psychology* 16:2, 1970, pp. 329–37. 該項實驗隨後引起大量討論，包括那些孩子

的行為差異，是否受到其他因素影響，例如家庭收入。

15　Lewis Carroll, *Through the Looking Glass*, Macmillan, 1871.

16　J. M. Keynes, 'Economic Possibilities for Our Grandchildren', in J. M. Keynes, *Essays in Persuasion*, Palgrave Macmillan, 2010.

17　Tjalling Koopmans, 'Stationary Ordinary Utility and Impatience,' *Econometrica* 28:7, 1960, pp. 287–309; Tjalling Koopmans, 'On the Concept of Optimal Economic Growth', *Pontificiae Academiae Scientiarum Scipta Varia* 28, reprinted in Tjalling Koopmans, *The Econometric Approach to Development Planning*, North Holland, 1966; Tjalling Koopmans, 'Objectives, Constraints, and Outcomes in Optimal Growth Models', *Econometrica* 35:1, 1967, pp. 1–15; Tjalling Koopmans, 'Representation of Preference Orderings over Time', in C. B. McGuire and R. Radner (editors), *Decision and Organization*, North Holland, 1972.

18　有關如何策劃全球氣候協議的全面討論，可參考 Nicholas Stern, *Why are We Waiting?* MIT Press, 2015。

19　Ishac Diwan and Nemat Shafik, 'Investment, Technology and the Global Environment: Towards International Agreement in a World of Disparities', in Patrick Low (editor), *International Trade and the Environment,* World Bank, 1992.

20　OECD, 'Reforming agricultural subsidies to support biodiversity in Switzerland', OECD Environment Policy Paper 9, OECD Publishing, 2017; Andres A. Luis, Michael Thibert, Camilo Lombana Cordoba, Alexander V. Danilenko, George Joseph and Christian Borga-Vega, 'Doing More with Less: Smarter Subsidies for Water Supply and Sanitation', World Bank, 2019; David Coady, Ian Parry, Nghia-Piort Le and Baoping Shang, 'Global fossil fuel subsidies remain large. An update based on country-level estimates', IMF Working Paper 19:89, International Monetary

Fund, 2019.

21 Raffael Jovine, *Light to Life: How Photosynthesis Made and Can Save the World*, Octopus Publishing Group, 2021.

22 此一估計是基於結合對生物多樣性相關活動的公共資金投入（2015年至2017年平均每年678億美元）和其他資金投入（例如來自經濟工具、慈善事業和影響力投資），後者每年介於102億美元至232億美元。參見OECD, 'A Comprehensive Overview of Global Biodiversity Finance', OECD Publishing, 2020。

23 Peter Kareiva, Heather Tallis, Taylor H. Ricketts, Gretchen C. Daily and Stephen Polaski, *Natural Capital: The Theory and Practice of Mapping Ecosystem Services*, Oxford University Press, 2011.

24 Ralph Chami, Thomas Cosimano, Connel Fullenkamp and Sena Oztosun, 'Nature's Solution to Climate Change', *Finance and Development*, 56:4, December 2019, pp. 34–38.

25 Oliver Balch, 'Meet the world's first "minister for future generations"', *Guardian*, 2 March 2019, available at: https://www.theguardian.com/world/2019/mar/02/meet-the-worlds-first-future-generations-commissioner.

26 'Nicholas Stern urges world leaders to invest in sustainable infrastructure during signing ceremony for Paris Agreement on climate change', Press Release, Grantham Research Institute, 22 April 2016.

27 Cevat Giray Aksoy, Barry Eichengreen and Orkun Saka, 'The Political Scar of Epidemics', *Vox*, 15 June 2020.

28 Achim Goerres, 'Why are older people more likely to vote? The impact of ageing on electoral turnout in Europe', *British Journal of Politics and International Relations* 9:1, 2007, pp. 90–121; Julia

Lynch and Mikko Myrskylä, 'Always the third rail? Pension income and policy preferences in European democracies', *Comparative Political Studies* 42:8, 2009, pp. 1068–109; Clara Sabbagh and Pieter Vanhuysse, 'Exploring attitudes towards the welfare state: Students' views in eight democracies', *Journal of Social Policy* 35:4, October 2006, pp. 607–28; Vincenzo Galasso and Paola Profeta, 'How does ageing affect the welfare state?' *European Journal of Political Economy* 23:2, June 2007, pp.554–63; Deborah Fletcher and Lawrence W. Kenny, 'The influence of the elderly on school spending in a median voter framework', *Education Finance and Policy* 3:3, 2008, pp. 283–315.

29 Tim Vlandas, 'Grey power and the Economy: Aging and Inflation Across Advanced Economies', *Comparative Political Studies* 51:4, 2018, pp. 514–52.

30 感謝 Daniel Pick 使我注意到這項主張。Matthew Weaver, 'Lower voting age to six to tackle bias against the young', *Guardian*, 6 December 2018.

31 YouTube, 'Dianne Feinstein rebuffs young climate activists' call for Green New Deal', 23 February 2019.

8　新社會契約

1 甘迺迪 1962 年 7 月 4 日在費城獨立廳的演講，片段見：www.jfklibrary.org/learn/about-jfk/historic-speeches/address-at-independence-hall。

2 2020 年 9 月舉行的世界相互依賴峰會，有來自一百個國家的一百萬人在線參與，共同討論如何解決共同難題，見 www.oneshared.world。

3 Martin Luther King Junior, 'A Christmas Sermon on Peace',

Massey Lecture Series, Canadian Broadcast Corporation, 1967. 馬
丁・路德・金恩接著具體解釋他的觀點:「你是否曾停下來
想想這一點:如果不依賴世界上多數人,你在早上根本無法
出門工作?你早上起來去浴室,伸手拿海綿,那是太平洋島
民提供的。你使用肥皂,那是法國人提供的。然後你去廚房
喝咖啡,那是南美人提供的。或許你想喝茶,那是中國人提
供的。又或者你想喝可可配早餐,那是西非人提供的。然後
你伸手去拿你的吐司,那是來自講英語的農民,當然還有麵
包師。在你吃完早餐之前,你已經依賴了世界上超過一半的
人。我們的宇宙就是這麼構成的,這是它相互關聯的特質。
除非我們認識到所有事物相互關聯這個基本事實,地球上不
會有和平。」

4   Eric Lonergan and Mark Blyth, *Angrynomics*, Agenda Publishing,
    2020; Anne Case and Angus Deaton, *Deaths of Despair and the
    Future of Capitalism*, Princeton University Press, 2020.

5   在美國,1960年至2010年間,職業分布趨同藉由改善人才
    配置,貢獻了人均總產出成長的20%至40%。參見Chang-
    Tai Hsieh, Erik Hurst, Charles I. Jones and Peter J. Klenow, 'The
    Allocation of Talent and U.S. Economic Growth', *Econometrica*
    87:5, September 2019, pp. 1439–74。

6   Alex Bell, Raj Chetty, Xavier Jaravel, Neviana Petkova and
    John Van Reenen 'Who Becomes an Inventor in America? The
    Importance of Exposure to Innovation', CEP Discussion Paper
    1519, London School of Economics, 2017.

7   例子之一是國際勞工組織的未來工作全球委員會(Global
    Commission on the Future of Work),它呼籲各國政府承諾採
    取一系列措施,以應對工作領域前所未有的轉變帶來的挑
    戰。該委員會的十項建議包括:(1)普及的勞動保障,保護
    勞工的基本權利,提供能滿足基本生活需求的工資,限制工
    作時間,以及要求工作場所能保護勞工的安全和健康;(2)

從出生到老年的社會保障，支援人們在整個生命週期中的需求；（3）支持終身學習的全民教育福利，使人們能夠掌握、更新和提升技能；（4）管理技術變革以促進體面工作，包括建立一個數位勞動平台的國際治理系統；（5）增加投資在照護、綠色和農村經濟上；（6）一個蛻變性和可測量的性別平等議程；以及（7）重塑商業激勵機制以鼓勵長期投資。ILO, *Work for a Brighter Future: Global Commission on the Future of Work*, International Labour Organization, 2019.

8　關於這種現象的人類學觀點，可參考 David Graeber, *Bullshit Jobs: A Theory*, Allen Lane, 2018。

9　Martin Sandbhu, *The Economics of Belonging*, Princeton University Press, 2020, p. 96.

10 Jaana Remes, James Manyika, Jacques Bughin, Jonathan Woetzel, Jan Mischke and Mekala Krishnan, *Solving the Productivity Puzzle: The role of demand and the promise of digitization*, McKinsey Global Institute, 2018.

11 Robert Gordon, 'US data: Why Has Economic Growth Slowed When Innovation Appears to Be Accelerating?' NBER Working Paper 24554, National Bureau of Economic Research, April 2018.

12 Remes et al., *Solving the Productivity Puzzle*.

13 Jonathan Tepper with Denise Hearn, *The Myth of Capitalism: Monopolies and the Death of Competition*, Wiley, 2018.

14 Thomas Philippon, *The Great Reversal: How America Gave Up on Free Markets*, Belknap Press, 2019.

15 Esteban Ortiz-Ospina, 'Taxation', published online at OurWorldInData.org, 2016.

16 Timothy Besley and Torsten Persson, 'Why Do Developing Countries Tax So Little?' *Journal of Economic Perspectives*, 28:4,

2014, pp. 99–120.

17 World Bank, 'World Development Report: The Changing Nature of Work', pp. 130–36.

18 各國著重監理手段和公共支出的程度各有不同，麥肯錫發現有三大類國家：（1）政府對市場的監理干預很多，公共支出也很高，例如奧地利、比利時、法國和斯堪的納維亞國家；（2）監理干預很多，公共支出中等，例如德國與荷蘭；（3）政府較少干預市場，公共支出也相對較少，例如日本、南韓、瑞士、英國和美國。隨著時間的推移，國際趨勢是減少監理干預，勞工在比較靈活的勞動市場中謀生，退休福利沒那麼優渥，一如 Chapter 5, McKinsey, *The Social Contract* 所述。

19 有關再分配最好如何組織以提供全民或針對性的福利，目前已有大量文獻，概述可參考 D. Gugushvili and T. Laenen, 'Twenty years after Korpi and Palme's "paradox of redistribution": What have we learned so far, and where should we take it from here?' SPSW Working Paper 5, Centre for Sociological Research, KU Leuven, 2019。

20 美國等國家的最高所得稅率下降幅度最大；在這些國家，所得最高的1％人拿走全國20％的稅前所得，而該比例在1970年是10％。歐洲和日本的所得相對沒那麼集中在所得最高的1％人身上。Piketty、Saez 和 Stantcheva 認為，理想的最高稅率可能高於80％，此外沒有證據顯示有錢人適用低稅率可以提高生產力和促進經濟成長。Thomas Piketty, Emmanuel Saez and Stefanie Stantcheva, 'Taxing the 1 per cent: Why the Top Tax Rate May be Over 80 per cent', *Vox*/Centre for Economic Policy Research, 8 December 2011.

21 Arun Advani, Emma Chamberlain and Andy Summers, 'Is it Time for a UK Wealth Tax?' Institute for International Inequality, London School of Economics, and Centre for Competitive Advantage in the Global Economy, Warwick University, 2020.

22 Anthony Atkinson, *Inequality*, Harvard University Press, 2015. 事實上，英國的布萊爾政府 2005 年創建兒童信託基金時，正是以阿特金森的主張為基礎，雖然政府僅為每一名孩子提供 250 英鎊，金額少於最初提案所設想的。

23 Piketty, *Capital and Ideology*.

24 Fatih Guvenen, Gueorgui Kambourov, Burhanettin Kuruscu, Sergio Ocampo-Diaz and Daphne Chen, 'Use It or Lose It: Efficiency Gains from Wealth Taxation', NBER Working Paper 26284, National Bureau of Economic Research, 2019. 他們認為：「在財富稅下，財富規模相若的企業家支付金額相若的稅款，無論他們的生產力如何；這將擴大稅基，並將納稅負擔向生產力不高的企業家身上轉移。此外，財富稅使高生產力企業家稅後報酬降低的幅度小於低生產力企業家，這會產生一種行為儲蓄反應（behavioral savings response），使財富進一步向高生產力企業家轉移。最後，物價對財富稅的一般均衡反應，可能抑制總儲蓄動機，但對再分配的影響，仍與前兩種影響同方向。由此產生的再分配，會提高總生產力和總產出。」

25 James Hansen, 'Environment and Development Challenges: The Imperative of a Carbon Fee and Dividend', in *Oxford Handbook of the Macroeconomics of Global Warming*, Lucas Bernard and Willi Semmler (editors), Oxford University Press, 2015.

26 Sandbhu, *The Economics of Belonging*, p. 186.

27 Hansen, 'Environment and Development Challenges'.

28 Hauser Institute for Civil Society, *The global philanthropy report: Perspectives on the global foundation sector*, Harvard University and UBS, 2014.

29 Truman Packard, Ugo Gentillini, Margaret Grosh, Philip O'Keefe, Robert Palacios, David Robalino and Indhira Santos, *Protecting*

All: Risk Sharing for a Diverse and Diversifying World of Work, World Bank, 2019, pp. 180–82.

30 Andrew Summers, 'Taxing wealth: an overview', in *Let's Talk about Tax*, Jonathan Bradshaw (editor), Institute for Fiscal Studies, 2020.

31 OECD, 'Tax Policy Reforms in the OECD', OECD, 2016.

32 Daron Acemoglu and Pascual Restrepo, 'Secular Stagnation? The Effect of Aging on Economic Growth in the Age of Automation', *American Economic Review*, 107, no.5, May 2017, pp. 174–79; Ana Lucia Abeliansky and Klaus Prettner, 'Automation and Demographic Change', GLO Discussion Paper, no. 518, Global Labor Organization, 2020.

33 Daron Acemoglu, Andrea Manera and Pascual Restrepo, 'Does the US Tax Code Favor Automation?' prepared for the Brookings Institution Spring Conference of 2020, 6 April 2020.

34 Packard et al., *Protecting All*, pp. 209–10.

35 Rui Costa, Nikhil Datta, Stephen Machin and Sandra McNally, 'Investing in People: The Case for Human Capital Tax Credits', CEP Industrial Strategy Working Paper, London School of Economics, February 2018.

36 Katarzyna Bilicka, 'Comparing UK Tax Returns of Foreign Multinationals to Matched Domestic Firms', *American Economic Review*, August 2019.

37 Tabby Kinder and Emma Agyemang, 'It is a matter of fairness: Squeezing more tax from multinationals', *Financial Times*, 8 July 2020.

38 Ernesto Crivelli, Ruud A. de Mooij and Michael Keen, 'Base Erosion, Profit Shifting and Developing Countries', IMF Working Paper 15/118, International Monetary Fund, 2015.

39 8.7兆美元的估計源自 Gabriel Zucman, 'How Corporations and the Wealthy Evade Taxes', *New York Times*, 10 November 2017；36兆美元的估計源自 James S. Henry, 'Taxing Tax Havens', *Foreign Affairs*, 12 April 2016。

40 據估計，潛在利益非常大。在最大的歐洲國家，公司稅收入可能增加18～28％，美國則可能增加14％（約為GDP的0.5％。）Thomas R. Tørsløv, Ludvig S. Wier and Gabriel Zucman, 'The Missing Profits of Nations', NBER Working Paper 24701, National Bureau of Economic Research, August 2018.

41 OECD, 'OECD Presents outputs of OECD/G20 BEPS Project for discussion at G20 Finance Ministers meeting', OECD, 2015: www.oecd.org/tax/beps-2015–final-reports.htm.

42 企業圓桌會（由美國大企業執行長組成的團體）2019年8月發表的關於公司治理的聲明是一個例子。

43 Colin Mayer, *Prosperity: Better Business Makes the Greater Good*, Oxford University Press, 2019.

44 關於民主國家與威權國家的相對表現，學界已有大量文獻。艾塞默魯等人研究了一系列再分配政策的表現（Daron Acemoglu, Georgy Egorov and Konstantin Sonin, 'Political Economy in a Changing World', *Journal of Political Economy*, 123:5, July 2015）。Harding和Stasavage檢視了非洲各地一系列公共服務的成績（Robin Harding and David Stasavage, 'What Democracy Does (and Doesn't Do) for Basic Services: School Fees, School Inputs, and African Elections', *Journal of Politics* 76:1, January 2014）。Besley和Kudamatsu發現，預期壽命、嬰兒死亡率與民主有很強的相關性（Timothy J. Besley and Masayuki Kudamatsu, 'Making Democracy Work', CEPR Discussion Paper DP6371, 2008）。下列論文對這些文獻概括得很好：Tim Besley, 'State Capacity, Reciprocity and the Social Contract', *Econometrica* 88:4, July 2020。

45 Besley and Kudamatsu, 'Making Democracy Work'.

46 Amartya Sen, *Development as Freedom*.

47 George Ward的分析證明，即使剔除總體經濟數據、決定個
人生活滿意度的各種人口和黨派因素的干擾，並使用一些不
同的設定，主觀幸福感仍是選舉結果的有力預測因素。兩者
的關係很強：自報的幸福感一個標準差的變化，與執政聯盟
得票比例約8.5個百分點的變化有關。相對之下，選舉年經濟
成長率一個標準差的變化，與執政聯盟得票比例4.5個百分點
的變化有關，而失業率隨時間推移一個標準差的變化，則與
執政聯盟得票比例約3.5個百分點的變化有關。George Ward,
'Is Happiness a Predictor of Election Results?', London School of
Economics Centre for Economic Performance Discussion Paper
1343, April 2015.

48 愛沙尼亞自2005年起採用網路投票方式，投票率和選
擇網路投票的選民比例此後穩步上升。當然，舞弊和
操縱的風險引起很多爭論，但該系統正逐漸改善。參
見 European Commission, 'Estonian Internet Voting: https://
ec.europa.eu/cefdigital/wiki/display/CEFDIGITAL/2019/07/29/
Estonian+Internet+voting, 29 July 2019。批評意見可參考
Travis Finkenauer, Zakir Durumeric, Jason Kitcat, Harri Hursti,
Margaret MacAlpine and J. Alex Halderman, 'Security Analysis of
the Estonian Internet Voting System', University of Michigan and
Open Rights Group, November 2014。

49 Torben Iversen and David Soskice, 'Democratic limits to
redistribution Inclusionary versus Exclusionary Coalitions in the
Knowledge Economy', *World Politics* 67:2, April 2015, pp. 185–225.

50 Luis Catao and Maurice Obstfeld (editors), *Meeting Globalization's
Challenges: Policies to Make Trade Work for All*, Princeton
University Press, 2019, p. 21. 他們對政治意識形態與貿易政策的
討論相當有趣，參見第30～34頁。

51 Acemoglu and Robinson, *Why Nations Fail*, pp. 96–101.

52 同上注,第96〜123頁。

53 Michèle Belot, Syngjoo Choi, Egon Tripodi, Eline van den Broek Altenburg, Julian C. Jamison and Nicholas W. Papageorge, 'Unequal consequences of Covid-19 across age and income: Representative evidence from six countries', *Covid Economics* 38, 16 July 2020, pp. 196–217.

54 Alison Andrew, Sarah Cattan, Monica Costa Dias, Christine Farquharson, Lucy Kraftman, Sonya Krutikova, Angus Phimister and Almudena Sevilla, 'The gendered division of paid and domestic work under lockdown', *Covid Economics* 39, 23 July 2020, pp. 109–38.

55 William Beveridge, *Social Insurance and Allied Services*, His Majesty's Stationary Office, 1942.

圖表注釋與資料來源

圖1 「低收入」是指家庭收入處於所得分配最低的10%。經合組織平均值是根據24個成員國的數據計算。Dorothée Rouzet, Aida Caldera Sánchez, Théodore Renault and Oliver Roehn, 'Fiscal Challenges and Inclusive Growth in Ageing Societies', OECD Economic Policy Paper 27, September 2019: https://doi.org/10.1787/c553d8d2-en.

圖2 Office for Budget Responsibility (OBR), 'Fiscal Sustainability Report', 2018: https://cdn.obr.uk/FSR-July-2018-1.pdf.

圖3 所得為購買力平價基礎上的實質所得。Christoph Lakner and Branko Milanovic, 'Global Income Distribution: From the Fall of the Berlin Wall to the Great Recession', *World Bank Economic Review* 30:2, 2016, pp. 203–32.

圖4　Cristian Alonso, Mariya Brussevich, Era Dabla-Norris, Yuko Kinoshita and Kalpana Kochar, 'Reducing and Redistributing Unpaid Work: Stronger Policies to Support Gender Equality', IMF Working Paper, October 2019: https://www.imf.org/~/media/Files/Publications/WP/2019/wpiea2019225–print-pdf.ashx.

圖5　橫軸呈現女性就業人口的比例，即一國15歲以上女性人口就業的比例。縱軸呈現家庭福利公共支出相當於GDP的百分比。Sandra Tzvetkova and Esteban Ortiz-Ospina, 'Working women: What determines female labor force participation?', 2017: https://ourworldindata.org/women-in-the-labor-force-determinants. Data derived from OECD, *Society at a Glance*, OECD Publishing, 2019: https://data.oecd.org/socialexp/family-benefits-public-spending.htm; International Labour Organization, ILOSTAT database, data retrieved in September 2018; Gapminder, HYDE, 2016, and United Nations Population Division, 2019: https://www.gapminder.org/data/documentation/gd003/.

表1　高收入國家初等教育的私人報酬率特別高，是因為波多黎各1959年的估計值異常高、達65％，而在我們的當前人均收入分類系統下，波多黎各被歸入高收入國家的類別。George Psacharopoulos and Harry Patrinos, 'Returns to Investment in Education. A Decennial Review of the Global Literature', Policy Research Working Paper 8402, World Bank, 2018.

圖6　OECD, *Getting Skills Right: Future Ready Adult Learning Systems*, OECD Publishing, 2019: https://doi.org/10.1787/9789264311756-en.

圖7　OECD, *Getting Skills Right: Future Ready Adult Learning Systems*, OECD Publishing, 2019: https://doi.org/10.1787/9789264311756-en.

圖8　OECD, *Health at a Glance 2015: OECD Indicators*, OECD Publishing, 2015: https://doi.org/10.1787/4dd50c09-en.

圖9　Irene Papanicolas, Alberto Marino, Luca Lorenzoni and Ashish Jha, 'Comparison of Health Care Spending by Age in 8 High-Income Countries', JAMA Network Open, 2020, e2014688: https://doi:10.1001/jamanetworkopen.2020.14688.

表2　WEF, *The Future of Jobs Report 2018*, World Economic Forum, 2018.

圖10　Truman Packard, Ugo Gentillini, Margaret Grosh, Philip O'Keefe, Robert Palacios, David Robalino and Indhira Santos, *Protecting All: Risk Sharing for a Diverse and Diversifying World of Work*, World Bank, 2019: https://doi:10.1596/9781-4648-1427-3. Used under CC BY 3.0 IGO.

圖11　OECD, *Health at a Glance 2019: OECD Indicators*, OECD Publishing, 2019: https://doi.org/10.1787/4dd50c09-en.

圖12　OECD, *Health at a Glance 2019: OECD Indicators*, OECD Publishing, 2019: https://doi.org/10.1787/4dd50c09-en.

圖13　Dorothée Rouzet, Aida Caldera Sánchez, Théodore Renault and Oliver Roehn, 'Fiscal Challenges and Inclusive Growth in Ageing Societies', OECD Economic Policy Paper 27, September 2019: https://doi.org/10.1787/c553d8d2-en.

圖14　受訪者為22個國家18,810名16歲以上人士，調查是2016年9月至10月間做的。Fahmida Rahman and Daniel Tomlinson, *Cross Countries: International Comparisons of Intergeneration Trends*, Intergenerational Commission Report, Resolution Foundation, 2018.

圖15　IMF, *Fiscal Monitor: Policies for the Recovery*, International Monetary Fund, October 2020.

圖 16 Shunsuke Managi, and Pushpam Kumar, *Inclusive Wealth Report 2018*, © 2018 UN Environment, Routledge, 2018. Taylor & Francis Group 授權使用。

圖 17 Esteban Ortiz-Ospina, 'Taxation', 2016: https://ourworldindata. org/taxation. Data derived from Alan Reynolds, 'Marginal Tax Rates', *The Concise Encyclopedia of Economics*, Library of Economics and Liberty, 2008, data retrieved September 22, 2016: http://www.econlib.org/library/Enc/MarginalTaxRates. html; Gapminder, HYDE, 2016, and United Nations Population Division, 2019: https://www.gapminder.org/data/ documentation/gd003/.

圖 18 Truman Packard, Ugo Gentillini, Margaret Grosh, Philip O'Keefe, Robert Palacios, David Robalino and Indhira Santos, *Protecting All: Risk Sharing for a Diverse and Diversifying World of Work*, World Bank, 2019: https://doi:10.1596/9781-4648-1427-3. Used under CC BY 3.0 IGO.

𝒮𝓉𝒶𝓇 星出版 財經商管 Biz 022

新社會契約
從搖籃到墳墓，我們對彼此的責任

What We Owe Each Other
A New Social Contract

作者 —— 米露‧夏費克 Minouche Shafik
譯者 —— 許瑞宋

總編輯 —— 邱慧菁
特約編輯 —— 吳依亭
校對 —— 李蓓蓓
封面完稿 —— 李岱玲
內頁排版 —— 立全電腦印前排版有限公司

出版 —— 星出版／遠足文化事業股份有限公司
發行 —— 遠足文化事業股份有限公司（讀書共和國出版集團）
231 新北市新店區民權路 108 之 4 號 8 樓
電話：886-2-2218-1417
傳真：886-2-8667-1065
email: service@bookrep.com.tw
郵撥帳號：19504465 遠足文化事業股份有限公司
客服專線 0800221029
法律顧問 —— 華洋法律事務所 蘇文生律師
製版廠 —— 中原造像股份有限公司
印刷廠 —— 中原造像股份有限公司
裝訂廠 —— 中原造像股份有限公司
登記證 —— 局版台業字第 2517 號

出版日期 —— 2023 年 08 月 23 日第一版第一次印行
定價 —— 新台幣 420 元
書號 —— 2BBZ0022
ISBN —— 978-626-96721-0-3

星出版讀者服務信箱 —— starpublishing@bookrep.com.tw
讀書共和國網路書店 —— www.bookrep.com.tw
讀書共和國客服信箱 —— service@bookrep.com.tw
歡迎團體訂購，另有優惠，請洽業務部：886-2-22181417 ext. 1132 或 1520

本書如有缺頁、破損、裝訂錯誤，請寄回更換。
本書僅代表作者言論，不代表星出版／讀書共和國出版集團立場與意見，文責由作者自行承擔。

國家圖書館出版品預行編目（CIP）資料

新社會契約：從搖籃到墳墓，我們對彼此的責任／米露，夏費克
（Minouche Shafik）著；許瑞宋 譯 -- 第一版 -- 新北市：星出版：
遠足文化事業股份有限公司發行, 2023.08
288 面；15x21 公分 -- （財經商管；Biz 022）.
譯自：What We Owe Each Other: A New Social Contract
ISBN 978-626-96721-0-3（平裝）

1.CST: 社會契約 2.CST: 社會倫理

571.9   111017344